ちくま新書

感情天皇論

大塚英志
Otsuka Eiji

1398

感情天皇論【目次】

第五章　平成三〇年小説論——「工学化した世界」の片隅で　243

序　章

私たちは明仁天皇の「ことば」をいかにして見失ったか

「象徴としてのお務め」についてビデオメッセージで語る明仁天皇
(2016年8月8日／宮内庁・毎日新聞社提供)

1 消された天皇の「意志」

人は何故、ことばで思考をすることを感情の共感をもってサボタージュしてしまうのか。そのことを改めて強く感じたのは、二〇一六年八月二八日の明仁《あきひと》天皇の「お気持ち」の表明に始まる国家規模のディスコミュニケーションをめぐってである。

この「お気持ち」発言をめぐって顕《あら》わになったのは、私たちが戦後憲法下における天皇について「考え」たくないという、「意志」でなく「感情」の国民的共有であった。それは、象徴天皇が日本国憲法の定める「国民の統合の象徴」であるのなら、天皇が可能にする「国民の統合」という公共性のあり方について主権者である私たちはそもそも考えたくないぞ、というサボタージュの選択だった、と言える。だから本書は、明仁天皇の「考え」に反する形で、いかに私たちが私たちに都合良く「お気持ち」の水準でこの問題をやり過ごし、平成を不作為に終わらせようとしているのかについて考えるところから始めたい。そのことをもって、「明仁天皇の時代」(ぼくは皇太子妃との結婚以降をそう定義する)を通じて私たちが「天皇」について考えることをいかにサボタージュしてきたかについて「考える」ことを主題とする本書の序章とする。

†「御意向」が「お気持ち」にすり替えられた

NHKのスクープによって二〇一六年七月一四日、「生前退位の意向」が一斉に報じられた時点では「御意向」と表現されていたものが、「お気持ち」へと表現を変えたのは、二週間後の七月二九日あたりである。同日の『朝日新聞』夕刊はこう報じる。

天皇の位を生前に皇太子さまに譲る意向を示している天皇陛下が、8月にお気持ちを表明する方向で宮内庁が調整していることが、関係者への取材で分かった。天皇陛下が直接お気持ちを示す場を設け、記者が同席することも検討されている。日程は8月8日を軸に、15日前後も候補にあがっており、詰めの調整が進んでいる。

退位を実現させるためには、皇室制度を定めた皇室典範の改正などが必要になってくるため、天皇陛下の表明を受け、政府は対応を検討することになる。

天皇陛下はかねて「象徴としての天皇の地位と活動は一体不離」との姿勢を示し、公務を重視してきた。近年は年齢に伴う体力的な不安をごく親しい人たちに話すこともあり、天皇としての務めを全うできなければ退位もやむを得ないという意向を伝えてきた。

(『朝日新聞』二〇一六年七月二九日夕刊)

記事前段では「お気持ち」の表明に向けての調整が進むと報じる一方、後段では「象徴としての天皇の地位と活動は一体不離」という「姿勢」を明仁天皇は示してきた、とある。「お気持ち」会見で明確に示すことになる彼の象徴天皇観の存在が明記されていながら、一方ではそれを「姿勢」と非言語的な何かとして記事は表現している。同時に「意向」という少なくとも「意志」の存在を感じさせる表現も、後退していく。つまり「意志」や「考え」が「お気持ち」という感情の領域へとすり替わっていくのだ。

こういった表現上の過度の慎重さの背景には、一つは天皇の「政治」への抵触を回避しなくてはいけないとする宮内庁なり皇室ジャーナリズムの配慮があったことは推察できる。しかし、同時にこのような微妙なことばの変化には、明仁天皇が象徴天皇制のあり方について公的な見解を述べることで政治制度に働きかけようとする、違憲行為に接近しようとしていることへの自覚が、明仁天皇やその周辺にはあった、ということもうかがえる。言うまでもなく日本国憲法下の天皇は国政に関する権能を有しない。しかし「お気持ち」発言は、結果として退位に関する法の制定を導くこととなった。やはり「政治」への作用は否定できない。だから「お気持ち」表現は憲法上のリスクヘッジではあった。

だが問題なのは、そのことによって「お気持ち」発言の意味がミスリードされたことにある。

†「個人」として語った天皇

それにしても「お気持ち」として表明された明仁天皇のことばは何を語っていたのか。改めて真面目に考え、理解してみよう。

実はこの「お気持ち」表明は、現在、宮内庁のＨＰでは**「象徴としてのお務めについての天皇陛下のおことば」**と表記されている。「お気持ち」ではなく「おことば」である。また、他方で象徴天皇の職能のあり方がその主題であるとタイトルから中身がうかがえる。そもそも宮内庁の天皇や皇室関係者の発言の分類に「お気持ち」という項目は実は、存在しない。

だからここではその題名の示すところに従い、明仁天皇の「ことば」を理解するという当り前のことをしてみよう。

彼はまず自分の年齢や体力面を踏まえ、「天皇としての自らの歩みを振り」返ったこと、そして次にその上で、今後の「自分の在り方」について「思いを致すように」なったと切り出す。一応、慎重に「考え」でなく、「思い」という語を一度は選択しつつ、こう話す。

戦後70年という大きな節目を過ぎ、2年後には、平成30年を迎えます。

私も80を越え、体力の面などから様々な制約を覚えることもあり、ここ数年、天皇としての自らの歩みを振り返るとともに、この先の自分の在り方や務めにつき、思いを致すようになりました。

本日は、社会の高齢化が進む中、天皇もまた高齢となった場合、どのような在り方が望ましいか、天皇という立場上、現行の皇室制度に具体的に触れることは控えながら、私が個人として、これまでに考えて来たことを話したいと思います。

（「象徴としてのお務めについての天皇陛下のおことば」二〇一六年八月八日、宮内庁ＨＰ）


天皇の政治制度（当然、天皇という存在そのものも憲法と皇室典範という法に定められた政治制度の一部である）への介入は許されぬから、「私が個人として」「考えてきたこと」を「話す」というロジックである。だが、ぼくがこのくだりにこそ注目するのは、ここで何より彼が主張しているのは、これから「私の考え」を私は表明する、という彼の意思だからだ。つまり、私はこれから一人の個人として発言する、と言っているのだ。自分の考えを外に向かって発信するのは言うまでもない近代的個人の前提である。彼はそういう「個人」として国民に向けたビデオメッセージのカメラの前に立ったのだ。

そのことを見落としてはいけない。

明仁天皇の退位発言を天皇の人権問題としてとらえるスタンスは、老齢の彼が職務を自身の判断でリタイアできる「自己決定権」の問題として、憲法の定める幸福追求権から論じる記事（例えば、長嶺超輝「**天皇陛下の基本的人権――日本国憲法から読み解く**」『Newsweek』二〇一六年八月一八日配信）などからその存在が確認できる。天皇への人権擁護論から退位を認めるべきではないかという考えは、全体としてリベラルの側からなされた印象がある。

しかし、「お気持ち」発言で彼はそういう「私・個人」の権利を主張しているのではない。

これから見ていくように、明仁天皇は象徴天皇制についての「私・個人」の「考え」を「お気持ち」発言において述べるのだ。つまり象徴天皇制という、戦後憲法が設計する公共性についての「考え」を、自身の長い経験を生かし表明した上で、自分がその公共性を今後担うことが可能なのかを問うている。つまり彼は「象徴天皇制」という公共性の新しい合意形成に参加する一人の「個人」として語り始めるのである。

彼はビデオメッセージの中で真摯にそのような「個人」としてあろうとしたのだ。

†はじめて天皇と対話しようとした少年

ぼくは何故、このことに皆、驚愕しなかったのか、と思う。

そして、ぼくはただちに同時に彼、明仁天皇の結婚パレードが行われた一九五九年四月一〇日のパレードで彼と彼の新しい妻の乗る馬車に石を投げた少年のことを思い出した。

その少年をめぐって本書の第一章は始まるが、少年はその動機を天皇制について「彼と話したかった」からだと述べる。「彼」とは当時の皇太子である。天皇制に反対していた彼は皇太子と話して、そして、退位を説得したかった、というのだ。

つまり彼は皇太子が対話可能で自分の考えを持つ「個人」としてあることを期待した。「国民」としての彼も未成年ではあったが、自分は皇太子と対話し得る個人だと自己定義していたはずだ。

しかし、対話への要求は単に投石による「馬車への乱暴」(皇太子に対しては彼の意志の象徴としての「石」は向かっていない、と認定されてしまったのだ)と報じられ、彼は精神鑑定の対象となった。つまりは正常な意志を持った個人の責任ある行動ではないとされた。皇太子という「個人」に国民の一人としての「個人」がそれぞれの「考え」をもって対話し合おうと迫った、奇妙なテロルについて当時の文学者がどのように驚愕し、あるいは隠蔽しようとしたかは第一章に譲るが、ぼくにはその封じられた少年の問いに、それから五十余年を経て明仁天皇となった彼は彼なりに答えようとしているようにさえ見えたのだ。

無論、これは明仁天皇のことばと文学者が描写した投石少年のことばを重ね合わせたぼくの「批評」に過ぎない。

だが、そういうふうにいくつかのことばを「読む」ことで一つの事象や世界を輪郭付けていくのが批評家の権能だから、ぼくはまず、彼らの五十余年を経た対話として「おことば」を理解してみる。

†天皇の「ことば」をテキストとして読む

もう少し、明仁天皇の「ことば」を追おう。

まず彼は自分が即位以来、象徴天皇制について考えてきた、とその自負を語る。

即位以来、私は国事行為を行うと共に、日本国憲法下で象徴と位置づけられた天皇の望ましい在り方を、日々模索しつつ過ごして来ました。伝統の継承者として、これを守り続ける責任に深く思いを致し、更に日々新たになる日本と世界の中にあって、日本の皇室が、いかに伝統を現代に生かし、いきいきとして社会に内在し、人々の期待に応え

ていくかを考えつつ、今日に至っています。（前掲）

これは彼の強い自己規定である。

だからこの自負はその後もくり返し語られる。例えば、二〇一八年一二月二三日の天皇在位としては最後の誕生日においてもこう語る。

今年も暮れようとしており、来年春の私の譲位の日も近づいてきています。
私は即位以来、日本国憲法の下で象徴と位置付けられた天皇の望ましい在り方を求めながらその務めを行い、今日までを過ごしてきました。譲位の日を迎えるまで、引き続きその在り方を求めながら、日々の務めを行っていきたいと思います。
（「天皇陛下お誕生日に際し（平成三〇年）」二〇一八年一二月二〇日、宮内庁ＨＰ）

では、そこまで言う彼の考えた象徴天皇の「務め」とは何か。

それはこう語られた。

私が天皇の位についてから、ほぼ28年、この間私は、我が国における多くの喜びの時、また悲しみの時を、人々と共に過ごして来ました。私はこれまで天皇の務めとして、何よりもまず国民の安寧と幸せを祈ることを大切に考えて来ましたが、同時に事にあたっては、時として人々の傍らに立ち、その声に耳を傾け、思いに寄り添うことも大切なことと考えて来ました。天皇が象徴であると共に、国民統合の象徴としての役割を果たすためには、天皇が国民に、天皇という象徴の立場への理解を求めると共に、天皇もまた、自らのありように深く心し、国民に対する理解を深め、常に国民と共にある自覚を自らの内に育てる必要を感じて来ました。こうした意味において、日本の各地、とりわけ遠隔の地や島々への旅も、私は天皇の象徴的行為として、大切なものと感じて来ました。

(「象徴としてのお務めについての天皇陛下のおことば」二〇一六年八月八日、宮内庁HP)

恐らくこの明仁天皇の発言に驚く人はほとんどいなかったろう。何故なら被災地や、かつての戦地に赴き、その度に祈り、ひざまずき、人々の声をひたすら聴き、頷く、そういう彼ら夫妻の姿を私たちはあまりに見慣れすぎていたからだ。

それが彼らのパブリックイメージですらある。

しかし、こうやって改めて彼の自己定義に耳を傾けた時、象徴天皇制とは、天皇及び皇室による「国民」に対する「感情労働」だという考えに、明仁天皇が至ったのだと理解できる。

このことは一度、**『感情化する社会』**(太田出版、二〇一六年)で触れたことだが、「平成」の天皇制を理解する上で重要なので最低限、本書でも繰り返しておく。

2　感情労働としての天皇の「務め」

†「スマイル0円」＝見えない無償労働

「感情労働」とは身体やモノやテキストに物理的、あるいは情報処理的に作用する労働(身体労働、あるいは頭脳労働)ではなく、文字通り相手の「感情」に作用し、同時にそのために自分の「感情」を用いる「労働」を言う。この「感情労働」の例としてはしばしば示されるのが、ファストフードのマクドナルドの「スマイル0円」である。つまり笑顔を伴う接客が消費者の「感情」に快適さを与えているからである。この場合、「笑顔」は「労働」なのである。

このマクドナルドの「スマイル」が示している問題は二つある。一つは「労働」の中に「感情労働」という見えない労働が含まれていること、二つめはそれが無償であることが自明だ、ということだ。無償である、ということは、一方では搾取であるという意味で、他方ではそれが逆に崇高さをも感情労働の中に求めることにもなる。

「感情労働」はしかしファストフード店の接客だけでは当然ない。キャビンアテンダント、看護師、介護福祉士などの専門職において、本来の職能以上に感情の慰撫が暗黙の内に要求される。看護師の人々がいわゆる「白衣の天使」のイメージを忌《きら》うのは、彼らの医療における専門性は自明のこととされた上に、それ以上に、感情労働が当然のオプションとして期待されることの象徴として、この語があるからである。そして看護師たちのそのような対価を伴わない感情労働は、気高いものとして持ち上げられる。つまり「労働」と見なされないのである。

明仁天皇の「お気持ち」発言の先の引用部分に戻れば、彼はただ「国民の安寧を祈る」だけでなく、積極的に「人々の傍らに立ち、その声に耳を傾け、思いに寄り添」ってきた、という。つまり彼の天皇としての行動の中核はまさに「感情労働」なのである。だから、彼ら夫妻がかつての戦場まで赴き、頭《こうべ》を垂れ祈ることも、死者やそこで戦争に関わった人々に向けられた「感情労働」である。

天皇の職能は国事行為として定められているが、当然だが「感情労働」の領域は含まれていない。しかし私たちが彼らのイメージとしてまず思い浮かべるのは被災地で膝を折り、話しかける「感情労働」をする天皇夫妻ではないか。

†感情労働としての「象徴としての行為」

実際、宮内庁のHPに行けば、天皇が憲法の定める国事行為以外の「感情労働」の多さがわかる。彼ら夫妻が皇太子時代、列車で移動する際、車内の左右に立ち手を振り続けたことが美談として語られるが、今も公的行事で現地に赴く移動の車列の窓から笑顔で手を降り続ける。

しかしこれが「労働」としていかに過酷か。

そして明仁天皇が自身の高齢化によって「国事行為や、その象徴としての行為」に充全に対処しきれないと語る時、「象徴としての行為」こそが「感情労働」の領域なのである。

このように彼は象徴天皇制のあり方を「考えた」のである。何故なら彼の地位はこのように定められていたからである。

第1章　天皇
第1条　天皇は、日本国の象徴であり日本国民統合の象徴であつて、この地位は、主権の存する日本国民の総意に基く。
（「日本国憲法」）

国民の総意によって彼の地位は担保されながら、しかし、その「総意」は選挙などで示される民意ではない。にも拘わらず、彼は「国民統合の象徴」でなくてはならない。恐らく彼は「国民統合」に職能上の責任がある、と理解したのである。しかし、それが憲法に具体的に示されていない以上、彼が「自分」で「考える」しかなかった。

職能上と書くのは、彼が「国事行為や、その象徴としての行為」を「機能」とはっきりと表現しているからだ。しかも象徴としての「機能」は国事行為とは別に存在すると彼は考え、その「機能」は「国政に関する権能」を持ち得ないという条件下で果たさなくてはいけない。つまり、彼は政策的に何もできない。その時、彼が「感情労働」を象徴天皇の「行為」の中核に置いたのは、「国民と共にある自覚を自らの内に育てる」、つまり「国民の総意」という「感情」（政治的意志として示されない以上、「感情」でしかない）と自身を一体化することを、彼自身に求めるという選択であった。

このように彼は彼の感情や心を全面的に「国民」のために費やそう、と自分に強いた。それこそが象徴天皇の機能だとした。

しかし、このような選択が彼に、あるいはそもそも一人の人格を持った人間にどういう負荷をもたらすのか。

†感情労働が人間にもたらす疎外

感情社会学という領域を確立したA・R・ホックシールドは、「感情労働」が肉体労働と同様にもたらす「疎外」をこう端的に記す。

この労働を行う人は自分の感情を誘発したり抑圧したりしながら、相手のなかに適切な精神状態——この場合は、懇親的で安全な場所でもてなしを受けているという感覚——を作り出すために、自分の外見を維持しなければならない。この種の労働は精神と感情の協調を要請し、ひいては、人格にとって深くかつ必須のものとして私たちが重んじている自己の源泉をもしばしば使いこむ。

（A・R・ホックシールド著／石川准・室伏亜希訳『管理される心——感情が商品になるとき』二〇〇〇年、世界思想社）

ここでホックシールドが「感情労働」は「人格」にとって「必須」の「自己の源泉」を損なうと言っているのは重要だ。「感情労働」は「私」が「私」であることを何より損なうのである。明仁天皇は在位期間、あるいはそれ以前の皇太子期間を通じて「感情労働」

を続けてきたのである。そこで損なわれたであろう彼の「私」というものの所在に、私たちは人として思いを馳せるべきだ。

天皇に憲法上の人権があるか否かは、既に述べたように退位問題において自己決定権をめぐる議論で浮上し、印象論としては、リベラルは人権を認め、「保守」は認めない傾向にある。しかし、ホックシールドの言うように「感情労働」はそれが外部から見た時、看護や介護が母性や優しさを一方的にイメージとして付与されるように、労働として評価され難い。だから私たちは明仁天皇の「感情労働」をただ天皇の属性としての崇高さの証しとして当然のように受けとめる。

しかし、私たちも個人に立ち戻って考えてみよう。介護も、それこそコンビニのバイトでの愛想笑いも、クレーマーへの対処まで含め、あるいは、安倍政権下で問題となった役人の忖度なども全て「感情労働」だ。それらを日常の仕事の中で求められた場合、そのもたらす疲弊は誰しも実感するはずである。何か自分自身を切り売りしたり、すり減っている気がするはずである。

参考までに、退位を表明した時点でのそれまでの公務の物理的な「量」を［表1］（二六頁）に挙げる。

国内訪問は二〇八〇件、全国の一七四一の自治体のうち五三五市町村を訪問。つまり日

■即位後27年6カ月間にわたる天皇・皇后両陛下の主な公務

内閣からの上奏書類への署名・押印	29498件
認証官任命式	2532人
信任状捧呈式	819人
勲章親授式	916人
勲章受章者らからの拝謁（はいえつ）	2083件
外国元首・王族との会見	333件
離任外国大使夫妻らの引見	1051件
国内訪問	2080件
宮中祭祀	820件

■天皇陛下の公務の日数

2012年	242／365（66%）
2013年	274／365（75%）
2014年	251／365（69%）
2015年	261／365（72%）

■国内訪問の内訳

全国1741市町村（東京23区含む）のうち即位後に天皇、皇后両陛下が訪れたのは535市町村。訪問件数は年平均75・4件。

表1　2016年6月末時点での天皇・皇后夫妻の公務の量
（『朝日新聞　朝刊』2016年8月9日より作成）

本列島の三分の一を三十年近くかけて年に平均七五件を超える「感情労働」の旅をしている計算になると言うのだ。ちなみに、公務の日数は二〇一五年には二六一日である。労働基準法などに基づいて一日八時間の労働で算出すると労働者の年間労働日数の限度が二六〇日である。これはほぼ、週休二日の計算であり、官僚や優良企業のサラリーマンであれば国民の休日や有給でもっと休むことも可能である。しかし、正月や自分の誕生日も明仁天皇は公務をこなしていることを私たちは知っている。

†象徴天皇の機能を継続するために

彼の退位表明ととられた「お気持ち」

発言の検討に戻ろう。その主旨は、「感情労働」が年齢的に大変なので引退したい、という「気持ち」の表明ではない。そこは最低限、確認したい。

彼の訴えたかったことは、象徴天皇制のあり方の表明とその制度化であった。つまり国事行為以外に「感情労働」が象徴天皇としての「機能」であり、そして、その「機能」を高齢となった自分が果たせないなら「機能」の継続性を担保するために、退位を制度化してほしいという、「象徴天皇制の継続性を担保する制度化」が彼の主張だった。

だから事実として、彼はこう訴えたのではなかったか。

天皇の高齢化に伴う対処の仕方が、国事行為や、その象徴としての行為を限りなく縮小していくことには、無理があろうと思われます。また、天皇が未成年であったり、重病などによりその機能を果たし得なくなった場合には、天皇の行為を代行する摂政を置くことも考えられます。しかし、この場合も、天皇が十分にその立場に求められる務めを果たせぬまま、生涯の終わりに至るまで天皇であり続けることに変わりはありません。

(「象徴としてのお務めについての天皇陛下のおことば」二〇一六年八月八日、宮内庁HP)

この文脈で先に触れた「機能」という語が用いられていることに注意したい。折口信夫《しのぶ》は「天皇霊」が歴代の天皇に継承されていくことを彼の考える天皇の継続性のイメージとしていたが、明仁天皇は「機能」の連続性をこそ象徴天皇制の基本に置こうとしている。つまり「万世一系」という「血」による継続性の担保とは全く異なる考え方を明仁天皇は示した。

このように明仁天皇は「私」の「考え」を提示することで「象徴天皇制」というパブリックな制度の形成にコミットしようとした。そういう「個人」であろうとした。こういう言い方は、適切かは判断しかねるが、パブリックな領域の形成に自分の意見を持って参画し得る個人をこそ「公民」とかつて呼んだ柳田國男の考えに従えば、明仁天皇は皇室史上初めて「公民」の一人としての天皇としてあろうとした、とさえ言える。

3　葬られた「個人」としての天皇

†感情の吐露ととらえた国民

しかし、国民の反応はどうであったか。

結論から言えば、保守派も国民一般も、事態をあくまで明仁天皇の「私事」として捉えることで一致した。

国民の多くの反応は退位に同情的であったことは資料を掲げる必要もないだろう。それは当然で「お気持ち」と発言が形容された以上、そこから優先的に読みとられるのは老いた天皇のそろそろリタイアして休みたいという「気持ち」、即ち「感情」でしかない。「お気持ち」と、敢えて、表現されたのは政治的発言と見なされないための配慮であったが、明仁天皇の意見の表明は多くの国民には「感情」の吐露ととられた。皮肉にも、というべきなのか、彼は在位の三十年近い期間を通じて「国民」の「感情」による統合を行ってきたのであり、だからこそ国民はただ「感情」を以て彼に答えたのである。

無論、このように国民の多くが「考え」を「感情」としてしか受け止められなかったことは、明仁天皇の責任というわけではない。この国の近代、そして戦後が「考える個人」という「近代」が求める「私」のあり方をサボタージュし続けてきたこと、そして、私たちが「社会」の構築ではなく、ただ「感情」の結びつきを求める傾向、つまり「他者」を恐れ拒否する傾向が加速し、それが文学やｗｅｂのインフラに現われていることについては、別の本で論じた通りだ。これらの現象を「感情化」とぼくは形容した。

しかも「感情労働」の領域には負の方向を持ったものも存在する。隣国やマイノリティーへのヘイトを口にすることで国民に愉悦を生じさせる、負の感情労働の領域が政治家のことばやヘイト本の形で今や過剰に提供されている。私たちは、私たちの感情を充足させる正と負の双方の感情労働の提供を日々渇望しているのである。そういう欲望の中で明仁天皇の「お気持ち」が感情として消費されないはずがなかった。

ひるがえって考えてみても、そもそも、皇太子夫妻はその結婚の時から一方では大衆天皇制と揶揄されさえしたように国民の「感情」の全面的な受け皿であった。しかもその感情は正・負双方あった。例えば後の章で触れる小山いと子の「**美智子さま**」にこんな一節があることは紹介しておきたい。

> 駅から宿舎の奈良ホテルまでの道は、興奮した群衆に埋めつくされた。中には、「皇太子に水鉄砲をかけてやる」とわめく狂人や、「恩赦になると思っていたのに、何の沙汰もない。皇太子に直談判をする」といきまく名古屋刑務所脱獄囚などもまぎれこんだが、よくある左翼、右翼のいやがらせはまったく見られなかった。
>
> （小山いと子「美智子さま」『平凡』一九六二年一二月号）

せいぜいこの程度で済んで平穏であったという書きっぷりから、逆に彼らに向けられていた感情の質や量がイメージできる。結婚を歓迎する盛り上がりとは別に、彼らには天皇の戦争責任を含む負の感情がこの時から直接的に向けられていた。想像するしかないが、パレードに石を投げた少年の行為も、当時の皇太子夫妻には国民の負の感情の発露ととれたのであろう。

明仁天皇が「戦後」の天皇として引き受けようとした「感情」の中には、こういった国民の天皇の戦争責任への怒りが当然、含まれる。だからこそ彼がそのような「感情」に対して、それを慰撫する「感情労働」を以て応えることは当然の出発点だった。

だが、そういう彼の「感情労働」の積み重ねの結果、彼の「ことば」は「感情」を以てしか国民に応えてもらえなかったことはすでに書いた。新聞の一部が当初はこれを機会に象徴天皇制を考える議論の始まりとしたい、としたが、それが深まることはなく、象徴天皇をめぐる「公論」は起きなかった。

有識者が切り捨てた「個人」の考え

そういう中で明仁天皇の「お気持ち」の背後に、「考え」があったことが例外的に伝わった例としては、「お気持ち」発言を受け開かれた、「天皇の公務の負担軽減等に関する有識者会議」での平川祐弘《すけひろ》の発言がある。平川はラフカディオ・ハーンの研究・翻訳者として知られ、大津事件で天皇の心労に国民が共振し、国中が静まり返ったことに「日本」を見てしまったハーンの、まさに近代における感情天皇制の始まりを錯誤して描いたエセー（実際は大国ロシアの皇太子を襲った結果として、小国・日本がどうなるかという「脅え」であった）を翻訳しているのは、皮肉な巡り合わせだ。その平川の発言はこう報じられた。

平川氏は会議後、記者団に「（天皇陛下が）ご自分で定義された天皇の役割を果たせないから退位したいというのはおかしい」と述べた。

（『朝日新聞』二〇一六年一一月八日朝刊）

退位に反対した平川祐弘《すけひろ》・東大名誉教授は「世間の同情に乗じ、そのセンチメント（感情）に流されて特例法で対応するようなことがあれば憲法違反にかなり近い」と特例法も否定。

（『朝日新聞』二〇一六年一一月十六日朝刊）

一つめのコメントではつまり、「お気持ち」発言に示された天皇制のあり方など天皇個人の定義だから聞く必要なし、と切り捨てている。しかし、明仁天皇が象徴天皇について「ご自身で定義された」ことは正確に読み取っている。その上で、個人的な考えだから公的な議論に値しないと言う。つまり天皇に「個人」など認めないという立場である。

二つめのコメントからはその「個人」の考えが「感情」として国民に共有されたことを

正しく理解していたことがわかる。平川は「お気持ち」発言とその反応を最も正確に理解し、その上で明仁天皇の「個人」を切り捨てている。

他方、既に触れたように国民の大半とリベラルは「お気持ち」として天皇のパブリックの形成に向けた「公民」としての発言をスルーした。

このようにして、パブリックな領域への明仁天皇の参画意志は黙殺されたのである。

†事態を決定づけた安倍発言

天皇発言の「誤読」について「陛下に近い関係者」の懸念が小さく記事になったりもしたが、「お気持ち」が「感情」の吐露なのだというコンセンサスの形成には安倍首相がこうコメントした影響は小さくない。

> 本日、天皇陛下よりお言葉がありました。私としては天皇陛下が国民に向けて、ご発言されたということを重く受け止めております。天皇陛下のご公務の在り方などについては、天皇陛下のご年齢やご公務の負担の現状に鑑みるとき、天皇陛下のご心労に思いをいたし、どのようなことができるのか、しっかり考えていかなければいけないと思っています。
>
> (『朝日新聞』二〇一六年八月九日朝刊)

「ご心労に思いをいたし」、つまり「お気持ち」をまず「感情」として受け止め共感して見せたのである。国民の代表としてそう表明してしまった。そして「考えてい」くことは自分がやるからね、という表明でもある。当然、考えていくのは、あくまでも「ご心労」への対処の仕方で、象徴天皇制のあり方についてではない。

その「考えてい」く過程で、天皇のパブリックコメントは単純な「お気持ち」の吐露と矮小化され続けた。黙殺されたと言ってよい。

だから退位をめぐってつくられた法律は象徴天皇の機能の継続を円滑にする恒久法ではなく、一代限りの「特例法」となった。それはあくまで明仁天皇の私的な「気持ち」に応えるというものだ。

第一条　この法律は、天皇陛下が、昭和六十四年一月七日の御即位以来二十八年を超える長期にわたり、国事行為のほか、全国各地への御訪問、被災地のお見舞いをはじめとする象徴としての公的な御活動に精励してこられた中、八十三歳と御高齢になられ、今後これらの御活動を天皇として自ら続けられることが困難となることを深く案じておられること、これに対し、国民は、御高齢に至るまでこれらの御活動に精励されている天皇陛下を深く敬愛し、この天皇陛下のお気持ちを理解し、これに共感していること、さらに、皇嗣である皇太子殿下は、五十七歳となられ、これまで国事行為の臨時代行等の御公務に長期にわたり精勤されておられることという現下の状況に鑑み、皇室典範（昭和二十二年法律第三号）第四条の規定の特例として、天皇陛下の退位及び皇嗣の即位を実現するとともに、天皇陛下の退位後の地位その他の退位に伴い必要となる事項を定めるものとする。

（「天皇の退位等に関する皇室典範特例法」二〇一七年六月一六日公布）

実は、この原案から「お気持ち」という文言は一度消えていたが、復活した。しかし一体、「法」の中に「お気持ち」や「共感」という感情を意味する語が用いられることがいかに奇異なことか。私たちはそう考えなくてはいけない。

何よりこの法律は、明仁天皇の提言がただ、「天皇、お疲れさまでした」という国民の「共感」、即ち「感情」水準で受け止められたことを法の名の許に公式なものとしてしまった。明仁天皇の「考え」を「法」を以て否定したのである。なんと心ない法であることか。

こうして明仁天皇のパブリックの形成に関与する「個人」としての彼は国民の総意によって消去されたのである。彼が表出しようとした「個人」は「私人の感情」として葬られた、というより私たちが葬ったのである。

だから、私たちは一人の天皇を象徴的に殺した、とさえ言える。殺した、という言い方は物騒だが、しかし一人の老人の生涯をかけて考えた、自らのあり方に対する「ことば」を正確に受け止めず、退かせるのは、ただ引導を渡したに等しい。

†天皇を消したのは誰か

ひるがえって、では一体、私たちは「平成」の間、天皇について何を考えてきたのか。結局のところ「平成」という時代は私たちが「天皇」について考えることをサボタージュしてきた時代ではなかったか。それが最後に明仁天皇を見殺しとすることで辻褄を合わせたようにさえ思える。

そもそも昭和天皇の時代は、彼が戦時下と戦後という二つの時間を生きてきたことで、彼の存在そのものが右派にとっても左派にとっても歴史、即ち戦争という問題と不可分だった。つまり昭和天皇について考えることは、天皇の戦争責任、そしてこの国の戦争責任について否応なく考えることを意味した。肯定するにせよ否定するにせよ「天皇」が表象するパブリックなものをこれからどう制度化していくかを考えねばならなかった。誰もが天皇制について考えることが求められたのである。昭和の時代は天皇制に反対か、賛成か、そう問い、問われることは自明のことであった。

しかし「平成」の天皇に対しては、私たちは「何か」を考えたのだろうか。彼の「感情労働」に心動かされたことはあったが、彼が考え続けたという象徴天皇制について共に「考えた」ことはあったか。

彼、明仁天皇は戦後憲法下で初めて即位した、つまり戦後憲法に規定された最初の天皇だった。だから彼は律儀に象徴天皇について考え続けた。

確かに、私たちは昭和天皇の死とともに戦争の責任について考えることから解放された。代わりに愚かな歴史修正主義の台頭が、「昭和の終わり」を受けた一九九〇年代の保守論壇で始まった。それは、昭和天皇の死から九〇年代をその片隅で生きたぼくが自分の目で見てきたことだ。そのようにして、平成の時代、つまり本来なら、「戦後の天皇」を考えるべき時間に、私たちは天皇について考えることを止めてやり過ごしてしまった。

その間、天皇をめぐる風景は一変した。

リベラル派はかつて戦争責任を昭和天皇に求めたことを忘れたかのように、今は明仁天皇を戦後憲法的な平和主義の象徴と見なす。しかし、戦後民主主義を天皇に託すことが正しいとぼくには思えない。ぼくは国に対し憲法九条や前文を遵守せよと裁判を起こした一人だが、戦後憲法について考え、実践し、考えを示すことを天皇に託してしまうことは主権者としての判断停止であると考える。

それは保守派も同様で、憲法改定で天皇を元首に位置付けるのが安倍首相の悲願だという記事も一連の退位報道の中で垣間見えたが、しかし、ならば、憲法改定の流れが視野に入りつつある今、彼なり保守派が考える、あるべき天皇が論じられ、それに即した憲法や法のあり方が少しでも模索されたかと言えばそうではない。ただ、今回の「お気持ち」を身勝手な個人の考えと切り捨てるだけの不誠実な対応しかしていない。

既に見たように、保守もリベラルも、国民も天皇について天皇が考えた「お気持ち」発言を「私事」として封じてしまった点で同罪である。

平成の天皇の「個人」としての「考え」をスルーし、そして「退位」を認めた私たちがいる。それは私たちが、天皇制について考えることをサボタージュした結果だ。だから、私たちが天皇を消したことになる。それをまず私たちは認めよう。そしてぼくは問うてみたい。私たちはならば本当に天皇制を必要としているのか。そのことは改めて最後の章で考えてみたい。

4　近代女性としての皇太子妃たち

†はじめての男女平等憲法下の皇太子妃・美智子

それにしても私たちは平成の象徴天皇に何を求めてきたのか。どうあれ、と望んできたのか。そのことをもう一度、思い出してみよう。

その時、私たちは彼の傍らにいた皇后美智子を合わせて考えなくてはいけないだろう。なぜなら、彼女は初めて戦後の男女平等の憲法下で象徴天皇の妻となった女性であるからだ。彼女が皇太子の妻になったのと同じ時代、もう一人の美智子、樺《かんば》美智子が六〇年安保の国会議事堂前で死んでいる。そういう、同時代の美智子の存在を思い起こせば、時代が彼女たちに開いていた可能性が見えてくる。つまり、女性も近代的個人たり得るという可能性だ。

本書では詳細な検証はしないが、一九九三年、皇后美智子へのバッシングが一斉に起きたことは忘れるべきでないだろう。きっかけは皇太子徳仁《なるひと》親王と小和田《おわだ》雅子の成婚に際して、一連の儀式で「君が代」が演奏されない理由に皇后美智子の「考え」があることをほのめかした『週刊文春』一九九三年六月一〇日号の記事である。前後して『噂の真相』の「「女帝」と呼ばれ始めた美智子皇后に囁かれる宮中独裁支配の〝内情〟」という記事も出た。『噂の真相』のスタッフによる、後継ｗｅｂメディア『リテラ』が今やリベラルな平成天皇の賛美者である、という反転を皮肉るつもりはないが、この「女帝」文脈でのバッシングがこの先、幾つもの媒体で続く。

『週刊ポスト』八月二〇日・二一日号では浜尾実《みのる》元東宮侍従のインタビューという形で、皇后に対して被災地への訪問は控え、老人ホームの訪問程度など「地道な福祉活動」に専念せよと進言がなされもする。被災地の人々に向けた感情労働は明仁天皇の考えた象徴天皇の「機能」であることは既に述べた。その「考え」を皇后も共有していた。つまりこの発言は、結局は天皇夫妻の「考え」の否定に繋がってしまう。

保守メディアから『噂の真相』まで一斉に行ったのは、つまり彼女が彼女なりの自分で考えた皇室観を持っていることを「女帝」という形容や女は引っ込んでいろというレベルで叩くことでしかない。

その結果、彼女は「失声病」となる。つまり「心」が身体的な異変を生じさせたのである。「個人」としての彼女が損なわれたのだと言える。

†はじめての男女雇用機会均等法世代の皇太子妃・雅子

次の天皇となる徳仁皇太子妃雅子も、同様に、まるで、失声病となった皇后と入れ替わるようにバッシングの標的となっていく。雅子は男女雇用機会均等法の許で育った世代である。叩かれたのは、だから、まさに実際に社会に出ようとした同時代の女性の象徴としての「彼女」だった。

徳仁皇太子は雅子と一九九四年二月に記者会見を行う。風邪での体調不良が妊娠と報じられての会見だ。そこで徳仁皇太子と記者とのやりとりはこう伝えられる。

日常生活について皇太子は、「自由な時間はそれぞれの研究分野に関することをしたり、二人で運動をしたり、音楽を聴いたり——。お互いの意見を交換させ高めあっていくことに喜びを感じております。雅子は良き妻であり、パートナーであり、一人の人間として非常に尊敬しております」

（友納尚子『ザ・プリンセス　雅子妃物語』二〇一五年、文藝春秋）

ここで彼は、皇太子妃雅子を「一人の人間」とさらりと言い切っている。

それが「雅子さんを全力でお守りします」という彼のプロポーズのことばの正確な意味であったことが初めてわかった瞬間であった。皇太子妃もまた第一に「個人」であるべきだと彼は考えた。そのような彼にぼくは同世代の人間として敬意と共感を抱く。

だが続く同年二月二二日、誕生日前日の会見では記者団と険悪とも言えるやりとりがあったとされる。彼の決意は怒りの表明へと変わるのだ。

この時点でも「懐妊説」は消えておらず、彼はそれに苛立ち、こう記者らに切り出したという。


「報道が社会に与える影響は大きいと思いますが、今回のようにまったく真実でないものがそのような形でひとり歩きするのは、いかがなものかと思います」

（中略）

皇太子の口調が珍しく強かったのは、こうしたタイミングのせいもあったのかもしれない。

記者から「雅子様を全力で守ることを実行なさっていますか」と聞かれると、

「私ができることでは、全力でこれを実行しているように思っておりますが……」

ご表情は硬いままで、皇太子は質問を批判として、つまり「妃殿下を守れていないのでは？」と言われたと受け止めているように見えたという。記者たちにとって意外な反応だった。

（前掲書）


その過剰反応と記者たちが受けとった彼の憤りは、自分の妻の「個人」としての尊厳を守るという使命感から生じていたはずだ。それが最終的には、二〇〇四年五月の「人格否定発言」へと繋がるのは言うまでもない。

彼はその時、こう述べたとされる。

訪欧を前にした皇太子さまの東宮御所での記者会見は5月10日、予定より30分遅れて始まった。

問題の発言が飛び出したのは二つ目の質問を受けてだった。雅子さまの体調を問われて、

「(雅子さまは) 外国訪問をなかなか許されなかったことに大変苦悩しておりました」

と説明した。

「この10年、自分を一生懸命、皇室の環境に適応させようと思いつつ努力してきましたが、そのことで疲れ切ってしまっているように見えます」

そして波紋を広げた言葉が出る。

「キャリアや、そのことに基づいた人格を否定するような動きがあったことも事実です」

この発言について、宮内記者会から「どのようなことを念頭に置かれたお話なのです

か」と問われると、

「なかなか外国訪問もできなかったということなども含めて、雅子も、私もとても悩んだということを一言お伝えしようと思います」

（「皇太子発言の徹底解明　雅子さまのキャリア、人格否定の動き」『ＡＥＲＡ』二〇〇四年五月二四日）

ここでは二つのことを彼は主張している。

つまり、徳仁皇太子は、自分は彼女が「外交官として生きる」可能性、つまり一人の自立した個人であり得た可能性を奪ったのだ、という責任の表明である。皇太子妃雅子に、「外交官」とは全く異なるとはいえ、皇室外交のような形で彼女の生き方の一部を貫きたいという意志があったことは、普通に皇室報道を見ていれば察せられる。しかし、それを周囲に許容させるサポートが自分はうまくできなかった。周りも認めなかった。

そういう憤りである。

二つめは、だからこそ、彼女の「人格」、つまり「個」としてのあり方を否定する者は許さない、という怒りの表明であった。

この先、徳仁皇太子がプロポーズのことばに忠実に、彼女の「私」、「個人」を守ることに徹していくのは私たちが目撃してきたことだ。そういう彼は不興を買い、退位を「進言」されさえした。

だが、彼はまちがっていたのだろうか。

キャリアが保証されていた女性に求婚し、君の生き方を結婚後尊重すると言い、そう努力しようとした夫がいた。しかし、婚家の面々は「男の子を産め」「長男の嫁らしく」と彼女をスポイルする。そして妻の心は疲弊する。そんなことは、この世代の男女が少なからず体験したことではないか。まして、多くの男は妻と婚家の対立から身をかわし、彼女たちを少なからず、絶望させはしなかったか。

だからぼくには徳仁皇太子の怒りに国民の共感がなかったのが奇妙でならない。国民総「姑」化の中で、私たちは彼女の「個」をスポイルしたのではなかったか。

†退位を進言された皇太子

このような彼ら夫妻に二〇一三年、宗教学者・山折哲雄が「皇太子退位論」を『新潮45』に寄せたのは、どういう意味を持っていたのか。

その意図について山折は当時こう語っていた。

――皇太子ご一家を取り巻く状況をどう見ますか。

「雅子さまの療養には心を痛めます。私が『退位』にふれたのも、皇太子さまのお気持ちを察してです」

「平成になっての皇室批判や皇太子さまの『人格否定発言』(04年)への反応をみると、寄稿でふれたように、国民もメディアも皇室に必ずしも温かいまなざしを向けていない。こちらの方が深刻です」

――というのは?

「皇室への国民の視線が冷たく非寛容になるのに歩調を合わせ、社会も冷たく非寛容になったようです。皇太子ご一家に象徴される皇室の苦悩が、先を見通せない私たちの不安に重なります。東日本大震災や原発事故、朝鮮半島、東シナ海情勢など、どうも平和な時代が危うくなっている。そんな時代の雰囲気が、天皇家の危機と根っこでつながっている気がします」

(「皇室の苦悩、社会の危機 「皇太子退位論」山折哲雄さんに聞く」『朝日新聞』二〇一三年三月二五日朝刊)

これは奇妙な説明である。山折は皇太子の雅子の体調への不安を何ら合理性もなく東日本大震災や東アジア情勢のもたらす社会不安と結びつけてしまっている。国政に関与できない皇太子が原発政策の不作為や外交上の不安にどう関与し得たというのか。まるで天皇の代替わりで強い天皇の即位を促す、と言いたげだ。文化人類学的には「王殺し」による世界の再生ということになるのか。そういう宗教的霊性に皇太子は欠けている、という理屈だ。しかし、仮に山折の宗教学的責任論が成立するにしても、退位するのは平成天皇であるべきだ。国家の不安は皇太子でなく天皇の宗教的責任である。あるいは歴史の先例に従えば天皇の名による「改元」がなされるべきだ、という進言が理にかなっている。

山折は宗教的権威と政治権力の均衡がとれないと強いリーダーの登場が求められるから退位が必要だという理屈をこのインタビューでは語る。しかし、要は「個人」としての「天皇」を許さない、「個人」であるなら皇位継承者から下りろ、という主張なのである。

そのことはインタビューの前段で世論の皇太子夫妻への反発がそもそも問題とされていることでわかる。「人格発言」による皇太子の、自分の妻の「個」の尊厳を考えてくれという主張や、皇太子が見せた傷つく「私」というものへの国民の反発を踏まえている。それが原発事故や東アジア情勢への国民の不安とすり替わっている。そもそも『新潮45』に発表された山折の退位論は、皇太子夫妻は「近代的家族」として「象徴家族」たり得ていないから、退位して「私」に専念しろという主旨だった。これに対して「古来、日本では天皇に「私」なしと言われてきた」とこの頃から皇室ジャーナリストとして台頭した竹田恒泰《つねやす》は退位論に噛みつくが、要は皇室の人間に「私」は許されないという点で両者は、変わりはない。

しかし、もう一度確認するが、ここで彼らが否定したのは「私」とはエゴイスティックな勝手気ままな「私」ではなく、意志決定の主体としての、近代個人としての「私」である。

そのような「私」を皇室の人々が表出した時、平成の天皇は退場せざるを得なくなり、次の天皇となる徳仁皇太子も一度、かつて退場を命じられていた。それが「平成」の私たちの天皇に対する態度であった。

†本書の手法

本書で見ていくのはこのような平成の間、そしてそれ以前の皇太子時代からの明仁天皇夫妻をめぐる「個人」の表出とその消去についてである。彼らに私たちはいかに「個人」を見出し、あるいはいかにそれを消そうとしたのかを考えてみようと思う。

その手法としては、まず時代として、明仁天皇夫妻が結婚した一九五九年前後と退位を控えた二〇一八年前後を扱う。彼らの始まりと終わりを重点的に考えようと思う。その間を「平成天皇の時代」として考えてみる。なぜ、一九五九年に「始まる」のかは本書の中で明らかになるだろうが、彼らの結婚とともに昭和天皇の退位が語られた事実も大きい。無論、それは大きな声にならなかったが、そういう声とともに彼らは「始まった」のである。

そして分析の対象として用いるのは、もっぱら文学者によって書かれたテキスト、あるいは映画などが描き出した表現である。天皇家の人々のことばは原則としてこの序章以外では引用しない。論じる作品の中には天皇を扱ったものもあるし、そうではないものも含まれるが、それらの作品は、最終的には「私たち」の問題にブーメランのように跳ね返ってくるからである。そうでなくては、なんの意味もない。

つまり本書は文学や映画を通じて天皇をめぐる時代精神を抽出していくオールドスクールな「批評」という方法を選択する。

具体的にはまず一九五九年前後、一人の少年の行った行為の責任を、彼をめぐって書かれた文学者たちのことばを介して考えることになるだろう。同時に平成の終わりにかつてあれほど文学史上の、そして現実上の事件となりながら、何事もなかったかのように復刊されたいくつかの、「不敬文学」についても論じることにする。

そのことで私たちが、あるいは戦後文学が、当時の皇太子夫妻の「個」の領域をどう考えていたかを明らかにする。同時にそれら天皇を描いた戦後文学者たちの姿を通じて、私たちがいかに「個」であることが困難だったか、その理由を確認していく。その過程において、「妻」を「個人」とできなかった文学者の問題にも触れることになる。言うまでもなくそれは明仁天皇夫妻、徳仁皇太子夫妻について考えることと同義となる。

そして、次に終わりの年としての「平成三〇年」に至る二、三年の文学及びサブカルチャーを問題とする。第五章で古市憲寿《ふるいちのりとし》の**『平成くん、さようなら』**を扱うことはベタすぎると考える向きもあるだろうが（ぼくもそう思わなくないし、担当の編集者は釈然としないと言いた気《げ》だ）、しかし、この小説は平成とともに生まれた主人公が「平成の終わり」に自死したいと願う小説でありながら、作中での「年」の表記は西暦で一貫している点には注意したい。「平成」と共に逝くはずの彼の「自死」の日付さえこう西暦で記されるのだ。

やはり改元が実施される2019年4月末のタイミングで、命を落とそうと考えているのかも知れない。平成と共に逝くというのは、確かに「平成くん」の最期としては、これ以上ないくらいのタイミングだ。文字通り彼は平成と共に生まれ、平成と共に消えたということになる。崩御に伴う改元ではないため、正確には殉死とは呼ばないのだろうが、平成に殉じた人間として一部では話題になるのかも知れない。

（古市憲寿『平成くん、さようなら』二〇一八年、文藝春秋）

つまりこの作品の中に「平成」は存在しない。しかも小説は「平成くん」という青年の自死がモチーフだが、それはあくまで「安楽死」と表現される。それはまるで平成という時代を天皇自らの意志で終わらせたと言い繕い、そして、今、私たちがその終わりを歓迎している平成天皇の退位の、意識的なのか無意識なのか、比喩のように思える。とても不穏当な言い方だが、『平成くん、さようなら』は天皇の「安楽死」を暗喩する小説のようにぼくには読めた。

それらの表現を介して皇太子夫妻の中に作家たちが認め、あるいは認めることに躊躇《ちゅうちょ》をした「私」や、その「私」をめぐる世界のあり方の始めと終わりを描いてみようと思う。繰り返すが、そのことを通じて私たちはどうしてうまく「個」になれなかったかについて考えることになる。それは同時にぼくが感情天皇制と呼ぶものが平成天皇の始まりと終わりの時期にいかにあるかの検証に他ならない。

それでは、皇太子夫妻に石を投げた懐かしい少年の物語から始めよう。

第一章
他者としての天皇
——投石少年論

成婚パレードで、皇太子夫妻が乗る馬車に駆け寄る投石少年
(1959年4月10日／毎日新聞社)

1　ブラウン管越しの事件

二人の文学者による一つの出来事への過剰な「読み」についてこの章では考える。それは以下の如き光景をめぐってのものである。

その日、二時三十七分――

皇太子旗をおしたてた騎馬警官を先頭に、お二人の乗った馬車が祝田橋近くにさしかかったとき、五メートルおきぐらいに並んだ警官の間をすりぬけて、緊張でひきつった形相の少年が馬車にかけよった。ポケットの中から取りだした拳ほどの石をお二人に投げつけたのだ。

パシリ、と鈍い金属性の音がして石が馬車のドアにぶつかった時、一瞬ハッとした警官も観衆も、まだこの時はその場の熱狂ぶりにまきこまれて、ただ無言でこの男の動きを見守るばかりだった。気がついていたのは、馬車の、少年が走りでていた側に坐っていた美智子さんだけだっただろう。つづけて、もう一発。とっさに身を沈めて皇太子さまの方によりそった美智子さんめがけて、少年は馬車にとびついた。ようやく身をていしてお二人をかばう車従とかけよった警官たちにさえぎられてこの少年が取りおさえられるまで、ほんの二十秒たらずのこと。パレードは、この白昼の無言劇に気のつかぬ観衆をのこしたまま、つづけられていった――

テレビのカメラは、三局ともこの一部始終をとらえて送り、聴視者は予期しなかったこの事件に、興奮で息をつめた。

（「天皇制に石を投げる世代」『週刊現代』一九五九年五月三日）

「その日」とは一九五九年四月一〇日。皇太子明仁と正田美智子《しょうだみちこ》が皇居賢所《かしこどころ》で「結婚の儀」を終えた後の「御成婚パレード」に向けて一人の少年が石を投げたのである。引用したのはそれを報じた週刊誌の記事である。記事の中の光景はこの原稿を書いている時点であればYoutubeに誰かがUPしているニュース映像で確認できる（図1／五六頁）。それによって恐らくは当時の人々が街頭テレビやこれを機に普及したとされる家庭用白黒テレビのブラウン管（パソコンのモニターではない）越しに目撃したよりは鮮明な動画として確認できる。

図1　少年が馬車に駆け寄って石を投げる一幕は、現在 Youtube で閲覧可能
（https://www.youtube.com/watch?v = A9qMO5OJbT0、Youtube、2019年2月時点）

†消えた「恐るべき十七歳」の祖

少年のこの行為は当時、日大芸術学部の二年生だった青年によって連続写真としても撮影され、前年の一一月に皇太子婚約をスクープした『週刊明星』の手に渡り誌面に掲載される。この翌年一九六〇年一〇月一二日、山口二矢《おとや》が社会党委員長を刺殺することとなる事件と同様にテレビのブラウン管越しに映し出され、この時もこの連続写真が報じられた。

一九六〇年前後、十代の少年たちによって多発する出来事の発端となったテロリズムである。しかも唯一皇族を襲撃しながら、この出来事は十九歳の少年の名を含めその系譜からただ一人、解離している印象がある。

山口らは「恐るべき十七歳」と呼ばれた。「恐るべき十七歳」とは、山口二矢と、深沢七郎「**風流夢譚**」に端を発した掲載誌の版元の社長宅での殺傷事件の犯人・小森一孝《かずたか》がともに十七歳であったことからジャーナリズムの付した名だが、一九六〇年にはのちに社会党委員長となる河上丈太郎に二十歳の青年・戸澗《とま》真三郎がナイフで軽傷を負わせ、六三年の中雄昌弘（当時十九歳）による共産党・野坂参三の襲撃未遂、六四年の塩谷巧和によるライシャワー米大使殺傷事件（当時二十歳）あたりまで、この同世代のテロリズムは散発する。そして実は「恐るべき十七歳」と同世代であり、十年後の七〇年前後に登場する連合赤軍の森恒夫《つねお》、永田洋子《ひろこ》、日本赤軍の重信房子、奥平剛士《おくだいらつよし》、楯の会の森田必勝《まさかつ》らを一括りに論じた世代論である田中清松『**戦中生まれの叛乱譜**』（一九八五年、彩流社）には、この石を投げた少年の名とその出来事への批評はない。田中の世代論に従えば「十七歳」世代のテロリズムは六〇年前後から七〇年代初頭まで十余年継続していたことになる。しかも、投石事件は同時代にあっては最も多くの人々がリアルタイムでテレビ映像の中で目撃したはずの事件なのである。

そういう十年以上にわたる青少年のテロリズムの最初であるにも拘わらず、この事件が「椿事」以上に回想されることはほとんどない。

†少年と皇太子妃の対面

記事に戻る。この記事の描写が奇妙に詳細なのは、描写がテレビ映像や分解写真に根拠付けられているからでは多分ない。この記事に限ってもその細部の描写はいささか過剰なのである。少なくとも群衆の中から飛び出した少年の「緊張で引きつった形相」はテレビ画像の後ろ姿や連続写真のロングショットからは確認しようがない。あるいはそういう目撃証言を踏まえていたという可能性はないとは言えないにせよ、恐らくはそこで一瞬、記者の視点は少年の主観に近づいて、その形相を想像してしまっている。そういう筆の滑り方は扇情的な記事を求められる週刊誌の常だと言ってしまえばそれまでだが、記事は少年に「気がついていた」のは「美智子さん」だけだろうとも記したことも次に気になる点である。その事実はニュース映像から相応に確認できるにしてもだ。

ぼくが文学テキストではない週刊誌の記事の細部にひとまず拘泥《こうでい》することで本章を始めようとしているのは、この投石少年の主観、そして投石少年と皇太子妃になったばかりの美智子との刹那の対面に対しての同時代の文学者の過剰な「読み」が残されているからである。モニター越しの視聴者たちは文学者ではないからそのような「読み」は困難であるにせよ、週刊誌の記事は大衆たちに読み解くべきものの所在を、恐らくは無自覚に暗示しているように思えるのだ。

2　三島由紀夫の「投石少年」

†描かれた放物線

さて、これ以降、石を投げた少年を暫定的に「投石少年」と呼ぶ。当時のジャーナリズムが山口二矢の本名を報じたように、「マスコミ」の一部が大衆の欲望に応え未成年の触法少年の実名を報じることは今と変わらない。投石少年の名も丹念に探せば確認できるが、同じブラウン管越しに目撃された犯罪でありながら彼の固有名は消され、新聞の見出しによって「投石少年」と名付けられることになるのだ。その意味については後述する。

この「投石少年」については三島由紀夫と石原慎太郎がそれぞれエセーを残していることはよく知られる。こういった文学者たちの触法青少年への文学的共振はいつの間にかなされなくなったが、当時は大江健三郎が山口二矢や小松川事件の李珍宇《りちんう》を、同じく石原慎太郎や深沢七郎も李を、同時代に小説的題材にしている。

その点で三島も例外ではない。三島は文芸誌『新潮』で一九五八年四月号から翌五九年九月号まで連載していた「**日記**」の中で、一九五九年「**四月十日（金）**」の記述としてその光景をこう書き残した。

嵐は忽ち晴れ、六月の日照りになつた。

一時半起床。庭で素振りをしてから、馬車行列の模様をテレヴィジョンで見る。皇居前廣場で、突然一人の若者が走り出て、その手が投げた白い石ころが、畫面に明瞭な抛物線をゑがくと見る間《ま》に、若者はステップに片足をかけて、馬車にのしかかり、妃殿下は驚愕のあまり身を反らせた。忽ち、警官たちに若者は引き離され、路上に組み伏せられた。馬車行列はそのまま、同じ歩度で進んで行つたが、その後しばらく、兩殿下の笑顔は硬く、内心の不安がありありと浮んでゐた。

（三島由紀夫「四月十日（金）」『裸体と衣装──日記』一九五九年、新潮社）

ここで一つ注意を促しておきたいのは、少年の投石が「畫面に明瞭な抛物線をゑがく」という描写である。映像で見る限り、投石は至近距離から振り下ろすように投げられ、先の記事では「馬車のドア」に命中したとあるから放物線の軌道を描きようがないのである。つまり三島の描写は事実から解離している。だが、重要なのは三島が事実を捏造しているという類の水位ではない。こう記した瞬間、三島の中には「美」が発生していることに注意すべきだとぼくは考える。放物線を描くというのは幾何学的な美の描写である。三島は投石少年の行為を描くためにそういう種類の「美」を必要とした。ここにぼくは注意をしたい。

そう記すと何を突拍子もないことをと思うだろうが、三島が少年時代、戦時下にレニ・リーフェンシュテールによるナチスドイツ政権下のベルリンオリンピックの記録映画『**オリンピア**』を見てこう記していることは、三島の美学を考える上で案外と重要であることは幾度か指摘してきた。

> 雲と円盤、聖火、彫像的な瞬間美の姿勢、ハアドル、アクロバット体操……。それらは皆数学的な頭脳から割り出されたもはやカメラの対象ではなくカメラの創造した物象であるところの「自然」がどうしてこのやうに規則立つた行動を強ひるものかといふ感じを抱だかせる撮影である。むしろ機械文明を超越した数字の文明、抽象文明（即ち哲学的文明）でそれはある。本来は頗《すこぶ》る規則的でありながら外面からは乱雑に見え、しかも人目にはみえぬ規則正しさを示されると嘘のやうな気がするところの、宇宙的法則を表現しようと試みる。哀切な数《すう》と機械ののぞみである。
>
> （三島由紀夫「オリムピア」『決定版　三島由紀夫全集　26』二〇〇三年、新潮社）

三島はレニの映像の中に数学的幾何学的な美を見出していることがわかる。これが今回も三島の「美」の根本にある。映像で確認する限り、投石少年は石を投げ損ね、あわてて駆け上った馬車から引きずり下ろされる。つまり「外面からは乱雑」にしか見えない。しかしそこに数学的な「規則正しさ」を見る。こういった「美」の論じ方は戦時下のアヴァンギャルドとしてのメカニズム（機械芸術論）に他ならないが、それについては今は深入りしない。とにかくかつて十代の折、レニの映像に見出したのと同質の「美」を三島は放物線の捏造によって投石少年の行為に刹那に感じたことがうかがえる。

ではその時、三島が見出した「美」とは何であったのか。三島はこう説明する。

これを見たときの私の昂奮は非常なものだつた。劇はこのやうな起り方はしない。これは事實の領域であつて、伏線もなければ、對話も聞かれない。しかし天皇制反對論者だといふこの十九歳の貧しい不幸な若者が、金色燦然たる馬車に足をかけて、兩殿下の顔と向ひ合つたとき、そこではまぎれもなく、人間と人間が向ひ合つたのだ。馬車の装飾や從者の制服の金モールなどよりも、この瞬間のはうが、はるかに燦然たる瞬間だつた。

（三島由紀夫「四月十日（金）」『裸体と衣装―日記』一九五九年、新潮社）

まず、三島は自身の「昂奮」を隠さない。それは三島が「見た」と思ったものへの「昂奮」である。

三島は少年が「馬車の装飾や従者の制服」、いわば成婚や皇太子を飾る表象を剝ぎ取って「裸の顔」を顕わにしたのだ、と言いた気なのである。そして三島が「見た」のはより正確には「裸の顔」同士の「人間と人間が向ひ合つた」姿であり、それは三島のレニ論に従うなら「人目に見えぬ」ところの何か本質的な事象なのである。

しかしここでも三島の描写は事実と解離する。実際に記事や映像から確認すると、少年が「見た」とすれば手前にいた皇太子妃・美智子の「顔」であるはずだ。先の週刊誌の記事もそう書く。三島もまた先の文中で一度は「二人の」と書きながら、しかし続く描写は互いに「裸」の顔で向かい合った皇太子と少年のそれぞれの驚愕に転じるのである。「裸」の顔で少年と向かい合ったのは事実としては皇太子妃・美智子であり、しかし三島にとってはそれは皇太子・明仁でなくてはならなかった。

そのすり替えは何故、必要だったのか。

†不敬小説としての『裸体と衣装――日記』

この「日記」はリアルタイムで雑誌連載後、『裸体と衣装――日記』と新たに題され刊行される。そして刊行されたバージョンではこの題名の意図するところを思わせるかのように、別の日付の中に以下の一文が追加される。

いづれにしても詩は精神が裸で歩くことのできる唯一の領域で、その裸形は、人が精神の名で想像するものとあまりにも似てゐないから、われわれはともするとそれを官能と見誤る。抽象概念は精神の衣裳にすぎないが、同時に精神の公明正大な傳達手段でもあるから、それに馴らされたわれわれは、衣裳と本體とを同一視するのである。

（三島由紀夫「十一月二十五日」『裸体と衣装――日記』一九五九年、新潮社）

「裸体」というものが「詩」であり、だとすれば存在し得ない「放物線」という美が導き出した皇太子の「裸の顔」は紛れもなく「詩」であることになる。「詩」と「法則」が三島の中では同義だとわかる。猥雑な現実は、しかし物理学的法則で律せられ、その法則こそが「詩」なのである。詩は詩のように見えない、という言い方はレニ論のロジックを彷彿させもする。だとすれば皇太子の存在しない「裸の顔」と、そして向き合う少年の二人がもらしたものは紛れもなく「詩」なのである。

もう少しわかりやすい、別の言い方をすると、投石少年のこのくだりは明らかに一つの技巧からなる「小説」なのである。かつて柳田國男の『**遠野物語**』（一九一〇年）の中の「炭取がくるくると廻った」というたった一行に、柳田の記述が「小説」に転移する技巧を見抜いていた三島であれば、ただ一行で出来事を「小説」（あるいは「詩」）に転移させ得ることに無自覚ではないはずだ。

この時期、大江健三郎の「**セヴンティーン**」「**政治少年死す**」、深沢七郎の「風流夢譚」、あるいは、小山いと子「**美智子さま**」など、渡部直己《わたなべなおみ》言うところの「不敬文学」が「天皇」というよりは新しい皇太子夫妻に向けられる形で執拗《しつよう》に描かれている。「投石少年」の描写が「小説」である以上、三島の『裸体と衣装』はその文脈にある皇太子夫妻をめぐる不敬文学の一つなのだと言える。

しかし、ここでこれ以上、三島の美なり詩について入り込むことはしない。そういういわば飾辞を一端、脇に置いた時、三島がそこに捏造して見せたのは、皇太子と少年の「他者」同士の対峙である、ということをこそ問題としたい。

「他者」とはそもそも「裸の顔」で対峙しない限り表出しないものだ。

繰り返すが三島が「見た」のは「裸の顔」同士「相見る」瞬間、互いに「他者」である刹那である。そのことは以下の一節からわかる。

> われわれはこんな風にして、人間の顔と人間の顔とが、烈しくお互を見るといふ瞬間を、現實生活の中ではそれほど經驗しない。これはあくまで事實の事件である　にもかかはらず、この「相見る」瞬間の怖しさは、正しく劇的なものであつた。伏線も對話もなかつたけれど、社會的な假面のすべてをかなぐり捨てて、裸の人間の顔と人間の顔が、人間の恐怖と人間の悪意が、何の虚飾もなしに向ひ合つたのだ。皇太子は生れてから、このやうな人間の裸の顔を見たことははじめてであつたらう。と同時に、自分の裸の顔を、恐怖の一瞬の表情を、人に見られたこともはじめてであつたらう。君侯がいつかは人前にさらさなければならない唯一の裸の顔が、いつも決つて恐怖の顔であるといふことは、何といふ不幸であらう。
>
> （三島由紀夫「四月十日（金）」『裸体と衣装―日記』一九五九年、新潮社）

「自己」がない限り「他者」は表出しないのだから、そこに皇太子と投石少年の「自己」があることが前提となる。三島は柳田國男が「炭取」の回転を「蝶番《ちようつがい》」として非小説と小説を反転させたように、放物線を描いた投石が皇太子と少年を互いに他者として表出させた「小説」ないしは「美」を描いた。三島は「他者」及び「自己」ということばは使っていないが、対峙して初めて可能になるのが「裸体」及び「精神」である。つまりそれぞれの「精神」と「精神」が対峙したその光景を三島は「見た」と言い、そして驚愕しているのである。

だとすれば、そこに刹那現われた「他者としての皇太子」と「他者としての投石少年」という構図は一体、何であったのか。早急かもしれないが、それは人が個になることを拒み続けたこの国の「天皇のいる世界」に束の間、亀裂を生じさせた、「近代」の姿ではなかったのか。そしてこの国の近代はひたすら天皇が他者であることを忌避し続けたのではなかったか。本書は恐らくその問題をめぐって逡巡することになる。

✝思想を持たず恵まれた十代

さて、この投石少年の存在がこの章の議論において三島ふうに言えば抽象化されてしまっているが、彼の肖像については当時、以下のように報じられた。

――昭和十五年、長野県伊那郡の、村の中では上流の家庭に十人姉弟の末っ子として生れた。姉が八人、下二人が男だった。小中学校時代はわがままなきかん気の坊やで過し、伊那北高に進んだが成績は中位、特にめだつ存在ではなかった。

　昨年春、高校卒業の際同志社大学を受験したが失敗、上京して新宿のガソリン・スタンドに勤めた。八月、村長をしていた父親が死んだので帰郷したが、今年の一月末、今度は早大と中大の法科を目指して上京した。しかし、大学は狭き門だった。

（「天皇制に石を投げる世代」『週刊現代』一九五九年五月三日）


既に述べたように戦時下に生まれた戦後の子供たちの一人である彼らは五〇年代末にテロル少年、犯罪少年としての「恐るべき十七歳」として、そして六〇年代末には新左翼セクトの幹部として二度、戦後史の若者の表象となる。つまり二つのdecade（十年）を表象するテロリズムの担い手の世代である。しかし、彼らは「戦後」の青少年でありながら「戦前」生まれである。それが「恐るべき十七歳」を年齢から定義付ける属性である。先に触れた田中清松は戦時下に生まれながらそこに根を下ろせず戦後に流離された世代だと論じる。

　しかしここで当然、そのような世代論に入るつもりはない。確認したいのは彼が山口二矢ほどにさえ思想的背景を持たず、上京して大学進学を目指す程度の家庭環境に生まれた十代であった、ということだ。事件の幾日か前に宮内庁宛に「目覚めよ、皇室の召使い。血の革命には、勝利が約束されている」なる文書を送付したと報じる記事もあったようだが、それを根拠にことさら左翼テロと荒立てることは当時、なかったのだ。

この投石少年は既に記したように本名は確認できるが、流布はしなかった。彼は「名」でなく、もっぱら石を投げた行為者としてのみ記録された。それは井上章一が論じたような左翼テロを「狂気」の名の許で隠蔽したというほどに大袈裟な話ではない。事件の報道が後述するように「馬車への乱暴」となったように、少年の行為を矮小化していくことで「名」は敢えて報道する意味のないものとされる。何より、責任が警察や司法、官僚等に及ばず彼らが傷つかないで済む落としどころを探った結果である、と考えたほうがいい。官僚機構にイデオロギーはなく保身のシステムのみがあることは今に限ったことではない。

しかしこの玉虫色の処分は奇妙な出会いを生んだ。

彼に早い段階で自由を与えることで、彼が一人の人物を訪ねることが可能になったのである。

この「投石少年」が事件後、保護観察期間中に石原慎太郎を訪ねたことはよく知られている。それは石原がそのことをエセーとして残しているからである。

3　石原慎太郎の「投石少年」

†顔のない僕が微笑する

投石少年は石原によれば投石事件から二カ月に満たない一九五九年六月四日、長野での講演を終えた石原の宿泊先を訪問する。投石少年は旅館の客室係に面会の取り次ぎを依頼した。

名を訊くまでもなく靴をはいた僕の目の前に当人がいた。青い背広を着、顔色の青白い眼鏡をかけた青年はこうした旅先の大体何処ででも出会う地方の文学青年に見えた。
「貴方と話したいことがあります」
と彼も言った。

（石原慎太郎「あれをした青年」『文藝春秋』一九五九年八月号）

「話したい」と投石少年が石原に言ったことは案外と重要である。石原は講演先などに出没する文学青年の類と考え、何より「見知らぬ客人の相手は苦手」なので一度は対話の要請を「無愛想に」断る。「人みしり」というのは意外かもしれないが、初期の小説に明瞭に読みとれる石原の繊細な自己像である。

その人みしりの石原が何故、対話をしようと思ったのか。

「実は、四月十日にあれをやったのは僕なんです。一昨日出て来たばかりなんですが、そのことやいろいろ、誰かに僕の気持を聞いてもらいたいと思って」

聞きながら一瞬、僕には「四月十日のあれ」と言うのが何かわからなかった。

僕は彼を見直した。きっと驚いたような表情だったのだろうか、青年は一瞬困ったように顔を赤らめ微笑し返した。

僕はその時、ニュース映画で見た。細い体つきの、風に乗って踊るような動作で馬車に向って走り出していった青年の姿を思い出した。スクリーンは青年の顔を映し出しはしなかった。しかし、僕は何故かその時、〝ああ、なる程この人がやったんだ〟とはっきり思った。

（前掲書）

ここでまず投石少年は「あれをやった」「僕」として自身の固有性を定義して見せる。彼自身が既に「名」が不在の「投石少年」として自らを普遍化している。少し遅れて「ニュース映画」の画像を石原は思い出す。そしてニュースでは見えなかった「顔」を見て、この目の前の若者を投石少年だと認識する。しかし石原は目の前にいる投石少年の「顔」の細部をそれ以上、記さない。いわば後ろ姿のままなのである。

その石原に対して投石少年は「誰かに僕の気持ちを聞いてほしい」と加えて言う。「話したい」と「気持ちを聞いてほしい」との間には微妙な乖離があるのは言うまでもない。その乖離の中に投石少年は不安定に立っている。

当初、人みしりの石原の前に現われた「投石少年」は鬱陶《うっとう》しいファンであると同時に、対話を不意に求めた得体の知れない人物であるという時点でかろうじて「他者」である。石原という人の小説における主人公がしばしば「他者」への過敏な防御姿勢をとり、一転して相手に「甘える」ことでそれを共感的関係に変えることの詳細は指摘しないが、投石少年が「顔を赤らめ微笑し」(ここで「顔」が描かれる)同時に「気持ちを聞いてほしい」と要求を微妙にずらす、つまり「他者」であることを自らあっさりと解除すると、石原は彼の映像では見えなかったはずの顔の人物を「その人」と根拠なく認知するのである。

言うまでもなく、この「話した」と「気持ちを聞いてほしい」の差違は本書全体が主題とすることである。彼は自分の行為や天皇制についての考えを論理的に理解してほしいのではなく、「気持ち」をわかってほしい、つまり言語的理解ではなく、共感を希望する者として石原のエセーでは定義される。

†大卒の皇太子と頭の優秀な妃

それにしても「気持ち」をわかってもらう相手の選択が当時、ひどく尊大な形で、まるで今のサブカル思想系のライターのように天皇制を否定して見せていた大江健三郎でなく、石原であったのは、単に保護観察の身であった彼の生活圏の近場にたまたま講演で来たからなのか、あるいは相応の選択を以てのものなのかわからない。無論、石原の記述の記録としての正確さを確かめようはない。だが少なくとも「あれをした青年」は「気持ちを聞いてほしい青年」へと石原によって書き換えられている。

そして投石少年はこうも石原に言う。

> たゞ誰かに、きちんとこのことを話したい、出来れば日本の人一人一人に僕の気持をきちんと聞いてもらいたいんです。そんな気持で石原さんのところに来ました。とにかく、黙って、最初から聞いて下さい。（前掲書）

つまり「日本の人一人一人」に「気持ち」を伝えたいがためにその代表として石原は選

ばれた、ということになる。石原の文章から読みとる限り、投石少年は自分のことを文章に書いて公表してほしい、という要求をしているのではないことがわかる。

しかし石原が「話」ではなく「気持ち」を投石少年の言葉として記した内容は、実際には相応にロジカルで明晰《めいせき》な内容ではある。少年が放免の根拠として診断された「分裂病」や一部報道に見られる「知能指数七〇」といった印象を裏付ける印象を石原は書き留めていない。こう記すのは、言うまでもなくそのような人々（という表現自体不適切であるが）に対して、石原が過度の拒否反応をその後示していくからである。つまり石原の記述そのものが皮肉にも投石少年の「正常さ」の立証となる。

まず、彼はその「動機」をこう「記す」。

「いえ。僕の動機はそんなところにあったのじゃありません。詮じつめた言い方をすれば、公的なものと私的なものとが国家的にあんな大きな取り違い方をされることが恐ろしかったし、許せなかった。たとい、憲法で何になっていようと、その当人の結婚と言うのはあくまで私的なものです――」

（前掲書）

つまり皇太子成婚を国家的行事として演出し、そこに乗った「ジャーナリズム」や大衆を含め「私的なもの」を「公的なもの」にすり替える危うさを投石少年は批判する。行為それ自体は傷害罪になりかねないものだが、論旨としては冷静である。

しかしそれ以上に興味深いのは、彼がまるで三島の「投石少年論」のように自らを語る点である。

> 方々に出ている皇太子の写真を見ている内に、彼のつけている勲章が眼にされるようになった。勲章と言うものが彼や、彼の父親の天皇の象徴であるように思いました。無意味で無価値なものが、意味があり、価値があるものとして押しつけられる間違いの象徴が勲章だと思いました。だから、彼の胸から勲章をもぎとったらその行為がそうした間違いの象徴的な牽制になる筈だと思った。
>
> (前掲書)

つまり過剰な「衣装」の下にある皇太子の「裸」を露呈させようとするのが彼のテロルの目論見である、というのである。だから投石少年はこう語ったと石原はいう。

> 「彼とじかに眼と眼を合わせて、直接そう言おうと思った」
>
> (前掲書)

三島が「裸」の顔と「裸」の顔で、つまり他者と同時に向かい合う両者の姿を詩として描いたのに対し、少年は一歩踏み込み「他者」同士で話そうと試みるわけである。三島の美が「他者」同士の対峙という刹那の静止画の美に留まっているのに対して、石原は投石少年は「対話」を試みたのだと記述する。

投石少年の動機についてはこう報じた週刊誌はあった。

石を投げたのは注意を引くためで、お二人の勲章をはぎ取って堀に捨て、いさめてから馬車を宮中に追い返すつもりだった、

(『週刊朝日』一九五九年五月一〇日号)

「いさめる」という表現になっているが、暴力的テロではなくコミュニケーションが目的だった、と理解できる。

この後、少年は一瞬、佐倉宗五郎の「直訴」のことを持ち出すが、「直訴」ではなく「対話」だと言いた気に再びこう軌道修正をする。そして対話の相手としての皇太子をこう評価する。

「彼だって一応最高学府を出ているのでしょう。それに、美智子さんと言う人は彼より

頭も優秀な人だと言う噂です。恐らく、彼らだってあのことがまともじゃないとは、少しは、思っているんじゃないか――」

（石原慎太郎「あれをした青年」『文藝春秋』一九五九年八月号）

つまり皇太子の学歴が「大卒」であることが、対話し得るための教養があるということを担保するはずだ、と投石少年は言うのだ。しかも、それをさらに保証すると彼が持ち出すのは同じく大卒で「彼より頭も優秀」な皇太子妃の存在である。

†他者としての天皇はあり得るか

このように投石少年は「他者」との対話可能性を大学が与えるであろう近代的教養に求めている。三島は実際には対峙し得なかった皇太子と投石少年の対峙を創造した。石原は投石少年が皇太子の中に対話可能な教養に基づく「個」を期待し、対話を望む動機を描いた。そこではともに皇太子への「他者」としてあることの期待が示されている。しかし、三島の「裸」の「皇太子」は「他者」ではなく後の「純粋天皇」的な超越性へと変容していくものだろう。その意味で三島は人間としての天皇との対話に興味など示さない。それに対し、石原の描く、投石少年のあらゆる「他者」に対話可能性を求める姿というのはあまりに素朴な近代への信頼でしかない。（無論、その信頼をぼくは肯定する。）

しかも興味深いことに、石原は投石少年の皇太子への「他者」たることの期待に彼らしくこう水を差す。


「そんなことはまずないな。絶対にね。殊に彼についての一番の悲劇は、彼が自分自身について考えるという態度を誰からも教わらなかったことじゃないのかな」

「そうかも知れませんね。でも、その時は、そうやって僕の直訴を聞いた後で二人が本当に話し合って、近い将来自発的に退位してくれればそれが一番良いと思いました。

僕の友人の共産党員と天皇について話し合った時、彼は天皇制は流血革命によらなけりゃなくせないと言ったけど、僕は今時そんな小児病みたいな言い分は通らないと思った。僕らは同じ世代の人間として彼に対する個人的な憎悪は持ち合わせしゃしません。ただ、彼の置かれた場が、そして、それのためにとり行われようとしている社会的な間違いが恐しいし、許せないのだ。彼がそれに気づかないなら、当然誰かがそれを言ってやらなきゃならないんです」

（前掲書）


つまり石原は、皇太子は「自分自身について考える」訓練を積んでいない、要するに

「個」たり得ないというのである。いわば近代的個人であることを禁じられた存在としての皇太子の属性を指摘する。なるほど、近代あるいは戦後にあって「個人」であることの権利を例外的に剝奪されるのは皇位継承者である、というのは正確な指摘ではある。だからこそ皇太子に「個人」を求めることは理屈の上では、天皇制に対するかなり本質的なテロルである。

対して投石少年は皇太子が少年との対話によって、「二人が話しあって」（ここで皇太子妃の援助が期待されていることに注意を促しておく）理解してくれるはずだとあくまで対話可能性を主張する。また、皇太子妃と皇太子の関係が互いに「対話」可能な存在として期待されているのも興味深い。繰り返すがその近代的個人としての皇太子夫妻への信頼が投石少年にはある。

†対話から共感にすり替える手口

とりようによっては、投石少年は「他者」としての天皇を露呈させ、そして「話し」「説得」することで天皇制を終わらせようとした、という「テロル」を実行したのであり、三島の文学はその刹那に「詩」を読みとり、そして石原は対話不可能性を主張した、と言える。その対話不可能性の根拠は、皇太子は他者たり得ないという指摘であり、その上で石原は投石少年からも他者性を消去する。

そのために石原が用いたのは投石少年の「私」への「共感」である。「**あれをした少年**」は、当初は投石少年との面会の顛末のエセーであったはずの一文が突如、少年の主観からなる描写に転じるのである。このような「小説」への飛躍においては、当然だが三島ほどにはテクニカルではない。ただ、同一化する対象の「私」を一人称として語ればいいだけの話である。それはこう書き始められる。

四月十日が来た。天気は晴れ上り、気持が良かった。朝起きた時、気持は馬鹿に落ちついていた。やっと、自分自身に対する義務を果せるような気持だった。（前掲書）

ここで二度「気持ち」と繰り返している時点で石原が何を試みているかは明らかである。「他者と話す」という皇太子への「テロル」ではなく、投石少年の「気持ち」を描くことにすり替えているのである。「他者との対話」という彼のテロルの本質を石原は、少年の「気持ち」を「小説」にすることで消去しているのである。

だから石原は、投石少年が成婚パレードの隊列に近づき高揚した人々の中で一瞬で孤立に転じる、その主観を描く。

またわからなくなった。一体、この騒ぎは、この熱狂ぶりはなんだと言うのだろうか。こんなことに、この人たちは本当に、本気で、感動しているのか。見物と言うことだけではなしに、彼らは本気でこの出来事を自分たちの幸せとして喜んでいるのだろうか。人々のどよめきに向って僕はぼんやりと突ったたち、ただしきりに周りの人たちの顔を覗くようにして見廻していた。彼らが本気でそうやって熱狂しているとすると、これは一体どう言うことなのだろうか、と幾度も考え直そうと思ったが出来なかった。どよめきの中に僕は本当に一人切りで突ったっていた。（前掲書）

皇太子をめぐる得体の知れない「感情共同体」から瞬く間に投石少年としての「僕」は疎外され「一人切り」となるのである。

そして石原は投石少年のテロルをこう書き変える。

〝馬車だ！〟

僕は思った。思った時体が走っていた。馬車には屋根がなかった。その上にあの二人がいた。僕は走った。馬車に向って。そして、知らぬ間に石を投げた。自分でも予期しなかった体の内の何かがそうさせていた。馬車だ、と思った瞬間、最初の石が手を離れていったのだ。次の石を持ち換え、また投げた。石は馬車に当ってはねた。僕は走った。馬車は眼の前に、随分大きく見えた。〝追いすがった！〟と思った。走りより手をかけた時、馬車の上で美智子さんが大きく身をのけぞらすのがわかった。言葉が喉から出ない！　よじのぼり、中に入って、言おう！　その時、追いついた後の手が僕を捉えた。走っていく馬車からあっと言う間に手が離れ、体が落ちた。落ちた瞬間胸を打った。その脚を馬車の車輪が轢いて過ぎるのがわかった。熱く胸苦しい痛みに声が出ない！　ひとことひとこと言いたかった。自分の息を殺しながらそれだけを思った。（前掲書）

石原はこのように自身の主観を投石少年の「僕」と重ね合わせる。近代の「私」を主語とする言文一致体は、書いた瞬間に「私」が立ち現われる魔法の文体だとぼくはしばしば逆説的に語ってきた。このような対象の主観との「共感」、あたかも大川隆法のチャネリングの文学版のような技法は、石原の文学の恐らくは列の最末尾に並ぶはずの田中角栄論で、角栄になりきって描いた手法にも通じていくのかもしれないが、石原は投石少年との間の「他者」性を消去し、同時に皇太子に向かったはずのことばを発せない、つまり対話をできない者として彼を描く。そして何よりこの描写からは、三島が捏造した皇太子の顔、そして、論理的には見た可能性のある皇太子妃の顔、つまり他者の顔が改めて、かつ、周到に消去されているのだ。

このように石原は投石少年と皇太子の双方から「他者の顔」を剝奪している。それは言い方を変えれば固有性の剝奪と言ってよい。ぼくは投石少年について、敢えて固有名を知りつつその名を記していないと先に触れたが、それは例えば石原のエッセイのみならず、当時の報道がこの事件から徹底して少年の固有性を奪おうとしているからである。

4　象徴天皇制から感情天皇制へ

✝投石少年の名はなぜ消されたか

無論、既に述べたように、投石少年の名が記憶されないのは少年の人権への配慮ではない。同時代の山口二矢にせよ十年後に登場する永山則夫にせよ、未成年の犯罪を実名で報ぜよという世論と実際に報じるメディアは当時から存在するのである。

投石少年は石原の「もし美智子さんの顔にでも当って怪我でもしたら」という問いに「それは気の毒だと思います」と答えていて、少なくとも未必の故意による傷害未遂とい

馬車に乱暴した少年を留置

宮仮御所前

参観の負傷十五人

図2 成婚パレードでの投石事件を報じる紙面
（朝日新聞、1959年4月11日）

うことになる。それが政治的な動機でなされ、「公的」な立場である人物に向けられた時点で政治テロである。つまり実名の「十七歳」の列に、十九歳であっても加えられてしかるべきテロリストであった。しかし当時の対応はこの事件からひたすら固有性を消し去ることにあった。リアルタイムで三島が驚愕したように、白黒テレビ一〇〇〇万台が売り上げられ、NHK、日本テレビ、ラジオ東京テレビ（TBS）の三局が生中継、街頭テレビを含め一五〇〇万人が目撃した事件にしては実は新聞の扱いは極めて小さい（図2）。

それは慶事に水を差したくないという配慮だけではない。例えば、「参観の負傷十五人、病人は百二、迷子十五」とパレードに集まった群衆の迷子や負傷者の報と並べて小さな記事として、一九五九年四月一一日の紙面にある。

十日午後二時三十六分、二重橋から出て祝田町方面に向う皇太子ご夫妻の馬車に投石、さらにかけよって乗り込もうとした東京都杉並区荻窪四丁目少年（一九）は、暴行現行犯として丸の内署の調べを受けているが、同夜は身柄を留置された。この少年は、およそ十メートル離れたところから、馬車をめがけてコブシ大の石一個を投げたので、妃殿下ははっと驚き皇太子さまといっしょに座席の右側に体をすくめられた。石は当らなかったが、少年は列から飛び出して馬車に手をかけて乗ろうとして、駆けつけた警視庁第一機動隊員につかまった。

調べに対しては「天皇制には反対だ。石が当らなかったので二人を馬車からひきずり降すつもりだった。そうすればその後の結婚スケジュールがダメになったろう」と動機を説明している。

（「馬車に乱暴した少年を留置」『朝日新聞』一九五九年四月一一日）

一応、少年の動機の記載がなされている中に「石が当らなかったので」とある。その「当らなかった」対象は明記されていないが皇太子夫妻であることは明らかだ。しかし出来事の詳細を伝える部分には「馬車をめがけてコブシ大の石一個を投げ」た、とあり、見出しも「馬車に乱暴した少年を留置」とある。つまりテロルの対象としての皇太子夫妻もまた消され、結果「馬車」に「乱暴」という表現になっている。そして四月一二日の紙面には「投石少年に精神鑑定」という十二行ほどの記事で「馬車に石を投げた少年」に精神鑑定が行われた、とある。「器物破損」での罪状も検討されたようだが、親告罪で適用できず、八方が丸く収まる（というわけでもないが）心神喪失が落としどころとなった。

そうやって三島の放物線がもたらす「美」からも、他者との対話が可能とする「近代」からも、皇太子夫妻と投石少年の双方は切断されたのである。

だからこそ「石を投げる」という行為における「石」というものを、石原はわざわざ周到にこう記してもいたことに注意しよう。

顔を洗いに洋服に着替えた。どうせ捕まるだろうからと思って、一番汚い洋服をつけた。

（ここらが必死の直訴に、身は潔斎、白装束に更って出かけた昔の佐倉宗五郎あたりとは大分変ってずっと新しい）

アパートの前でガラス窓を割るための、手頃な石を二つ拾い、泥がついていたのでポケットを汚さぬように水道で洗った。

（尊いお方にぶつけるから石を浄めたのではない）

（石原慎太郎「あれをした青年」『文藝春秋』一九五九年八月号）

およそ天皇に石を投げるというテロルが、良くも悪くも喚起するであろうロマン主義的なファンタジーを石原はかくも慎重に否定して見せたと言える。
ちなみにここで石原が「石」から剝奪したファンタジーとは、例えば以下の如きものだろう。投石少年のことを論じたわけではないが、これから十年を経て永山則夫が「石」をめぐりこう記しているのを思い出しておきたい。

でも、私は思う、珍宇、あなたは石だ。その辺の道端の石だ、でも、けなしているわけじゃやけっしてないよ。私もその辺の石っころに、なると思う（なりたい）。そしてその石が何時かきっと誰かの手に拾われて、私たちをこのように陥れさせた張本人に投げつけられることを祈って……。
（永山則夫『無知の涙』一九七一年、合同出版）

李珍宇について書かれたもので、永山が投石少年のことに想いをはせているわけではないが、「石」は彼の自我を表象するオブジェとして物神化されている。それが凡庸なテロリズムのロマン主義化であるとすれば、石原は石からテロルに伴う物神化を一切拭って見せる。

†三島と石原の「文学」はテロリストを産めたか

やや余談となるが、こういう石原の「自制」は、この投石少年事件の後の一九五九年八月に行われた『シンポジウム発言』に先だって石原が示した「刺し殺せ」といういかにもな論文の以下のくだりと対比すると興味深い。

必要なものは観念化された行為ではなく、実質ある行為なのだ。
「若い日本の会」のデモ参加不参加を決める会議で、私は今作家に作家として必要なものはデモではなく、むしろ「書く」という行為、書くことよりかかる法案をしいようとする為政者に対し一人の読者をテロリストとして駆るという事実のほうが貴重ではないか、と言って叱られた。

（石原慎太郎「刺し殺せ」、江藤淳編『シンポジウム発言』一九六〇年、河出書房新社）

それは大江たち文学者グループが安保デモへの不参加を決める中での発言だったが、これを書いた時点で一人のテロリスト、つまり投石少年が彼の文学とは無縁に飛び出していた。そしてあたかも文学的追認を求めるかのように石原の前に現れたのである。

一方、三島は一人の読者をテロリストたらしめない自身の「文学」の無力さを恐らく理解している。この前後の三島はボクシングをしたり、UFOを呼ぼうとしたり、ヤクザ映画の俳優になってみたり、文学と文学の外側との関わりについて、意図的に迷走している。その点で三島は誠実であり、だからこそ「昂奮」を隠さなかった。投石少年の行動がもたらした「美」に三島が戦慄したことは、ほとんど三島のその後を運命づけてしまったと言えなくはない。

対して、テロリストを産む「文学」たり得なかった、そのバツの悪さを実は石原の面会記には感じる。石原が投石少年の固有性や他者を待望する行動を同調圧力からの疎外にすり替えたのは、石原個人の文学の見えない敗北であった。従って石原のテロリスト育成文学論は、「平気で人殺しをやってのける、無統制な殺意」を自分の仕事に持ち込みたいが、その「殺意」は、「文明」へと向けられるべきだというひどく小心な主張に着地する。その「小心さ」が恐らくはこの人の文学の魅力なのだろうが、それは、今はどうでもいい問題だ。一応、そのくだりを引用はしておく。

人を刺す代りに、私は人間の文明なるものを刺し殺したい。この態度の有無が、芸術家にやがて彼自身の人間としての可能性の有無を決めるだろう。もはや改修ではない。

壊して殺して息がつづけばその後、創るのだ。（前掲書）

言うまでもなく「天皇」あるいは「天皇制」は「文明」の一部だが、それを「関心の対象から無意識」に締め出している石原らしい結論である。つまり「殺意」は「天皇」に及ばない。

†失われた「他者としての天皇」

事件をめぐる一連の報道によれば、投石少年の「動機」は「私」がそもそも不在である心神喪失の結果として消去され、その行為は馬車への「乱暴」、即ち器物損壊のレベルに留められる。そうやって「石」を投げた側も投げられた側もともに消去されている。それは石原の一文が、三島が見たと信じた、他者同士の対峙を打ち消そうとしたのと同じ態度である。

だから報道の中で少年の固有名が消えていったのを「菊のタブー」に帰結させるのは論がズレる気がするのだ。実際には、次章で触れるように、小説に限っても皇太子夫妻に対して「不敬」な表現が左翼メディアや文芸誌だけでなく女性週刊誌レベルでさえひどくありふれてなされる。それらの「不敬小説」の掲載はいくつかの事件を引き起こすが、重要なのはこの投石少年をめぐる言及から一体何が剝離させられ、そして、どのような皇室像がそこで提示されたかであり、天皇タブー論に一足飛びに帰結した瞬間、そこで「他者としての天皇」が見失われたこと自体が見えなくなる。

だから石原の投石少年論はこう周到に締めくくられなくてはならない。

「僕のやったことを、僕の考えを、出来るだけの人に話してわかってもらいたい。そうでないと僕は一人切りの気持でたまらない」と青年は言った。

（石原慎太郎「あれをした青年」『文藝春秋』一九五九年八月号）

少年は「自分の考え」「話してわかって」ほしい、と語ったと石原は描く。しかしその先にあった天皇制への疑いやあり得べき制度について互いに論じ続けたいと言ったとは書かれない。そして投石少年の「一人切りの気持ち」へと誘導する。

このような結末はこのエセーの中で石原によってあらかじめこう擁護されていた。

僕は正直こんな問題について原稿を書く労を好まない。皇室や皇太子の問題は僕にとって考える必要のない関心の外にある。いや外と言うより、思考以前に無意味なものでしかないと思う。天皇が国家の象徴などと言う言い分は、もう半世紀すれば、彼が現人神だと言う言い分と同じ程笑止で理の通らぬたわごとだと言うことになる、と言うより問題にもされなくなる、と僕は信じる。僕が天皇や皇室について近い距離で思うのは、ラッシュアワーに宮城近辺の大通りで車が立往生した時、横手の馬鹿広い皇居なる空地を眼にした時ぐらいのものだ。

天皇制を、皇室を関心の対象から無意識にしめ出している我々の世代の実感を僕は健全と思う。（前掲書）

天皇制を見ない、考えないことでそれを無化し得るという論議である。それは投石少年の「考える」という態度と対極にあるものだ。

だから石原は投石少年の「考え」を「わかってもらいたい」理由を最後に「一人切りの気持ちでたまらない」からだ、と「共感」可能なものに変えてしまう。実際に投石少年がどう語ったかは重要ではない。石原は投石少年が「わかってほしい」「考え」を「気持ち」へとすり替えている。つまり「共感」という共同性への帰属を求めるものに投石少年のテロルを貶めている。

そしてそのような天皇を軸に他者性を成立させない感情天皇制とでも言うべきものにこ

の先「象徴天皇制」は向かうのである。

投石少年のその後については「節目」ごとに回想される。成婚二十年目の一九七八年には『週刊新潮』で、彼が五十日の拘留と精神鑑定の結果、「〝精神分裂病〟と認定」された後、十四年前から都内に住み、公安が動向を探っている旨が同誌らしい好奇心で報告されている。キャバレーのマネージャーを経て総会屋として働いている、とある。九三年には猪瀬直樹が住居まではつきとめたが取材を断念したと記す。〇九年の成婚五十年では再び『週刊新潮』が都知事となった石原の下で副知事となった猪瀬の、取材をとり止めた旨の短いコメントを載せる。皇太子に他者であることを迫り、三島を昂揚させ、石原をたじろがせた投石少年は市井の中のその他大勢として消えていった。

そうやって三島の「文学」の中で刹那の対峙をした二人の「他者」、すなわち「皇太子」と「投石少年」の双方の「個」は消されたのである。

第二章

セカイ系としての「純粋天皇」
——大江健三郎を平成の終わりに読む

立太子の礼を迎えた、当時18歳の皇太子明仁（1952年11月10日／毎日新聞社）

1　大江健三郎の「投石少年」

三島由紀夫は、少年が皇太子に他者たれと石を投げる光景を、刹那、垣間見た気がした自分に戦慄した。対して石原慎太郎は、投石少年が試みた皇太子への「他者性のテロル」（あるいは天皇制という制度そのものを根底から覆そうとしたのだから未遂のクウデタアとでも言うべきなのだが）をその意図さえなかったように記録することに腐心をした。

それに対して本章で扱う大江健三郎はこのクウデタアに触発されて、自意識のセカイ系への「身投げ」という構図を描いて見せたと言える。その構図は三島の自死を経由し、遠く、ほとんど「平成の文学」の終わりまでスパンを持つものであったとまで書くと大袈裟だが、しかし、そう結論していい。この章ではその大江の示した、いわばセカイ系としての天皇について考えてみる。

大江は「恐るべき十七歳」と呼ばれた一九六〇年前後の触法的青少年のうち、社会党委員長を刺殺した山口二矢の事件に触発され、「**セヴンティーン**」および続篇の「**政治少年死す**（「**セヴンティーン**」**第二部**）」を発表する。しかし、この「セヴンティーン」における主人公は山口二矢であるとともに投石少年でもあることに何より注意したい。従ってぼくが本書で論じるのは投石少年であり小説の直接的モデルとして引用される山口二矢ではない。

†「おれ」と投石少年の共感

作中の語り手であるところの「おれ」が「投石少年」でもあると目論まれていることは「おれ」が就寝前に怯える「悪夢」の描写のくだりでまず明らかにされる。

皇太子妃ニ正田美智子サンガキマッタ新聞記事ヲ読ンダ時、美智子サンハ無限ノ遠方ノ星ニ行クノダ、ト考エ、胸ガ苦シクナリ涙が流レ、恐怖ニ震エタ、アレハ、何故ダッタロウ？　美智子サンガ死ヌノデアルカノヨウニオレハ恐レタガ。オレハ美智子サンノ写真ヲ壁ニハリ、ソレニ向ケテ結婚ガブッコワシニナルコトヲ祈ッタ、アレハ嫉妬デハナイ。ソシテ投石少年ヲテレビデ見タトキモマタ胸ガ苦シク涙グンデシマッタ。アイツモ押入レニ美智子サンノ写真ヲハッテイタソウダ。ソノ夜、オレハ自分ガ美智子サンデモアリ、投石少年デモアル夢ヲ見タ。アレハ何故ダッタロウ？
（大江健三郎「セヴンティーン」『大江健三郎全小説3』二〇一八年、講談社）

大江がありふれた言い方だが、世界に帰属しない者の孤立を「投石少年」にひとまず表象させていることがわかる。そもそも明治の作家たちはこのような場所から彼らの文学をつくっていったのだから、自意識の表現の形としては凡庸である。普遍的と言えるかもしれないが、つまらない。

その「おれ」は「投石少年デモアル夢ヲ」見ている。そして、「自分が美智子サンデモ」ある夢を同時に見ている。そこには三島が戦慄し石原が隠蔽した「他者」たらんとした投石少年と、別の章で触れる「個人」であろうとした「美智子」さんのはらむ、困難さへの彼の本能的な忌避を「恐怖」としているようにぼくには思える。「近代」とは人に等しく「個人たれ」という抑圧としてあり、同時にそのサボタージュの精神史としてある。「おれ」とはそういう近代を恐れる者の一人だと定義付けていい。

しかし、先を急がず考えていこう。少なくとも「投石少年」に「おれ」は「共感」している。

この時の「共感」とは文字通り感情の共振であって、政治的共感ではない。「美智子サンガ死ヌ」というのは、彼女が「他者」になってしまう恐怖だと言える。共有しているのはそういう矛盾した恐怖である。そこに感情による共感のはらむ本質的な問題がある。

†「おれ」と「女生徒」の目ざめ

この小説における「おれ」の属性を考える上で、この小説が「目ざめ」、つまり、朝起きて曖昧な意識が世界に着地していく様を繰り返し描いていることは注意していい。

つまり大江健三郎の「セヴンティーン」にはまるで太宰治の「女生徒」（一九三九年）のような朝の目覚めが描かれるのである。そのことが「おれ」のあり方を定義付ける手がかりになる。

> おれは良い気分で眼をさましたのではなかった。頭が痛く、体じゅうに微熱があるようで、腕は重く足は重く、自分はなにもできない無能力者だということを、朝眼ざめたばかりのおれの体に、世界じゅうの他人どもが教えにきた気がした。今日は悪いことがおこりそうな予感がする。おれは去年まで、誕生日ごとになにかひとつ新しい習慣をつけることにしていた。（中略）おれは眼をさますとすぐ悪い気分の泥地に深く踏みこんでしまっていることに気づいたので、起きあがる気力もなく、毛布のぬくもりのなかで眼をあけたままじっと横たわっていた、どんなに気分が悪く、どんなに厄介なことをしょいこんでいるときでも、去年までのおれは、朝眼がさめた瞬間だけは、胸に熱い幸福

のかたまりを感じたものだった、おれは朝が好きだった。おれは胸のなかのかたまりにせきたてられて早く戸外に駈けだし、朝の世界に挨拶をしなければならないと感じた。
（前掲書）

ここでの引用はしないが、大江の「おれ」は最終的には「良い気分で目をさまさせない」。同様に太宰の「わたし」も目覚めた当初はその浮遊感を「面白い」と思う。しかし、やがて「疲れて」目が覚める。

パチッと眼がさめるなんて、あれは嘘だ。濁って濁って、そのうちに、だんだん澱粉が下に沈み、少しずつ上澄が出来て、やっと疲れて眼がさめる。朝は、なんだか、しらじらしい。悲しいことが、たくさんたくさん胸に浮んで、やりきれない。いやだ、いやだ。朝の私は一ばん醜い。（中略）朝は、いつでも自信がない。寝巻のままで鏡台のまえに坐る。眼鏡をかけないで、鏡を覗くと、顔が、少しぼやけて、しっとり見える。
（太宰治「女生徒」『女生徒』一九五四年、角川書店）

その「自信のなさ」、つまり「わたしの曖昧さ」はつまるところそれを世界に繋ぎ止め方向付ける指針の不在だ。だから太宰の「わたし」が求めているものは、浮遊する「わたし」を一つの方向に秩序立てる何かとしての「ただ一言」のみである。

「本当の意味の」とか、「本来の」とかいう形容詞がたくさんあるけれど、「本当の」愛、「本当の」自覚、とは、どんなものか、はっきり手にとるようには書かれていない。この人たちには、わかっているのかも知れない。それならば、もっと具体的に、ただ一言、右へ行け、左へ行け、と、ただ一言、権威を以て指で示してくれたほうが、どんなに有難いかわからない。私たち、愛の表現の方針を見失っているのだから、あれもいけない、これもいけない、と言わずに、こうしろ、ああしろ、と強い力で言いつけてくれたら、私たち、みんな、そのとおりにする。（前掲書）

「おれ」が右翼政党の党首の演説会にサクラで行き、「あいつ、《右よ》」と言われ、「右」と言われることであっさりと「右」になる、ことを決意するのはそういうことである。

このように「セヴンティーン」は太宰の「女生徒」と対比した瞬間、その「読み」方さえほぼ自動的に明らかになる。というより、この太宰が描いた戦時下の自意識は、それと対比することで戦後の小説のあり方を簡単に検証できるリトマス試験紙（アナログな比喩で申し訳ないが）だと言える。

こうして見た時「女生徒」も「セヴンティーン」も、「セカイ」を待望する自意識の叙述としてともにある。そしてありふれた結論を出すなら、「セヴンティーン」はやはり「おれ」が「天皇」という「セカイ」と一致を希求する叙述に満ちている、とひとまず言えるだろう。実際、こういった「結論」は大江の「セヴンティーン」とその続篇を読んでいる者ならそう違和のないものだろう。

2　賢者タイムのビルドゥングスロマン

†石原のそれと大江のそれ

その、ひとまずの「結論」に沿ってもう少し読み進める。

大江の「おれ」を根拠付けるのは「自瀆」である。それはこの時期の大江がしばしば試みるキャラクターの属性であり、性のあり方である。ホモセクシャルも好んで描き、それらはともにセカイへと向かう不安と意志に抗う人物造形だが、大江はその強引ともいえる性的自己完結に何か戦略的な可能性をこの頃は見ていた気はする。

とにかく「おれ」は例えば同時代の『太陽の季節』の青年たちと表面的には異なる「自瀆者」である。しかしそれは彼が彼であることの刹那の根拠付けではある。

> おれはいつでも勃起しているみたいだ、勃起は好きだ、体じゅうに力が湧いてくるような気持だから好きなのだ、それに勃起した性器を見るのも好きだ。おれはもういちど坐りこんで体のあちらこちらの隅に石鹸をぬりたくってから自瀆した。十七歳になってはじめての自瀆だ
>
> （大江健三郎「セヴンティーン」『大江健三郎全小説3』二〇一八年、講談社）

このように「いつでも勃起」している高揚感がかろうじて「おれ」を根拠付けている。それはつまるところ「勃起」した男性器にこの国の戦後が喪失した何ものかを見る錯誤と表裏一体だということは今更説明するまでもない。「セカイ」に自意識を投企しなくても、その程度の男らしさによってこの国の戦後における「日本」なり国家意識は代行可能であり続けた。

このことの確認のため、「投石少年」をめぐる文学的叙述で最も保身的であった、先に名を掲げた石原の最初の小説のあまりに有名なくだりと、明らかにその反転としての大江

の『**芽むしり仔撃ち**』の冒頭の描写を参照として以下に対比的に掲げておく。

風呂から出て体一杯に水を浴びながら竜哉は、この時始めて英子に対する心を決めた。裸の上半身にタオルをかけ、離れに上ると彼は障子の外から声を掛けた。
「英子さん」
部屋の英子がこちらを向いた気配に、彼は勃起した陰茎を外から障子に突き立てた。障子は乾いた音をたてて破れ、それを見た英子は読んでいた本を力一杯障子にぶつけたのだ。本は見事、的に当って畳に落ちた。

（石原慎太郎『太陽の季節』一九五六年、新潮社）

僕らは彼らにとってまったくの異邦人だった。僕らのなかには生垣まで歩みよって、自分の小さく赤っぽい杏の実のような未発育なセクスを、彼ら村の人間たちに誇示する者もいた。子供たちの群れのくすくす笑いと動揺とをかきわけて、前に進んで来た村の中年の女が脣を緊張にとがらせてそれを覗きこみ、顔を真赤にして笑いながら、乳飲児をかかえた彼女の友人たちに卑猥な言葉で報告する。

（大江健三郎『芽むしり仔撃ち』一九六五年、新潮社）

言うまでもなく注意するのは男性器の描かれ方だ。

これは、一つは男たちの「世界」に対するあり方、そして二つめはそれが向けられた「世界」が女性的（母性的、と言ったほうが多分正しい）世界であることの、二つの問題を同時に含んでいる。つまり、直立する石原のそれであろうと大江の矮小なそれであろうと、それらの子供じみた行為は女たちに甘やかされることによって初めて可能な、彼らの承認欲求に他ならないということだ。

大江の描写はあからさまに石原の「それ」へのカリカチュアライズではある。しかし、そのような批評は石原には何の効き目もないだろう。何故なら石原は同時にこの青年たちが母への「甘えっ子」であることを臆面もなく、その最初の小説の中で描写しているのだ。自分がママッ子であることを平然と誇り得る感情に対しては、まともな批評は届かない。対して、大江は「セヴンティーン」の「おれ」の「勃起」が、しかし永続的ではないことを繰り返し描写はする。それが大江なりの「日本」への批評だと言える。


たしかに、しょんぼりしたセヴンティーンだ、毛だって細ぼそとしか生えていない下腹に萎んだ性器が包皮を青黒い皺だらけの蛹みたいにちぢこまらせ、水やら精液やらを吸ってみずっぽくどんよりして垂れさがっている、そして湯にのびた睾丸だけ長ながと膝まで届きそうな具合だ、魅力なしだ。

（大江健三郎「セヴンティーン」『大江健三郎全集3』二〇一八年、講談社）

つまり、「おれ」は「おれ」を根拠付けるものがいわゆる賢者タイムによっていとも簡単に失われることを自覚している。

結局のところ、身も蓋もない言い方をすれば「おれ」は「賢者タイム」の後の敗北感に耐えかねている。そういう現実の中に目覚めることを「おれ」は耐えられない。しかし、大江のこの時期の文学が優れているのは、「戦後」というものが戦時下という自瀆行為の後の「賢者タイム」であるということを批評的に描いていたことにあるとさえ言える。

†香炉を投げた『太陽の季節』

筆がうっかり、石原の『太陽の季節』に向いてしまったので、「投石少年」との対比であの小説の最後のくだりについては一応は注意を喚起しておくべきかもしれない。

花に埋もれて英子の写真が置かれている。それはあの蓮っ葉な笑顔と、挑むような眼つきであった。写真に向って頭も下げず彼は暫く立っていた。親戚の誰かが、置かれた香の小箱を動かして示した。頷いて香をつまみながら彼は英子の写真を見詰めた。笑顔の下、その挑むような眼差に彼は今始めて知ったのだ。これは英子の彼に対する一番残酷な復讐ではなかったか、彼女は死ぬことによって、竜哉の一番好きだった、いくら叩いても壊れぬ玩具を永久に奪ったのだ。つまんだ香を落すと、彼は思わず香炉を握りしめいきなり写真に叩きつけた。

（石原慎太郎『太陽の季節』一九五六年、新潮社）

つまり、ここでも「投石」に似た行為は行われる。無論、正確に言えば「石」ではない。「香炉」であるところがわけがわからない。しかし、動機は「投石少年」と明らかに違う。主人公は恋人が死んでしまい、もはや彼女が自分を甘やかしてくれないことに癇癪《かんしゃく》を起こしているのである。彼は彼を甘やかしてくれた母性的空間の中で、彼女は決して壊れはしないと思い、暴れ、しかし、思いの外（無論、彼の勝手な主観において）、それは脆《もろ》く、そして壊れ、そういうレベルの低い世界の喪失に耐えられず、「石」ならぬ「香炉」を「投げる」のである。

こんなものを「投石少年」のテロリズムと比べるのも失礼だし、こういうところが、この時期、彼の小説だけがテロルを喚起せず、不敬でもあり得なかった理由である。彼を担保していた女性的というべきか母性的というべきか、そういう「セカイ」との一体感が失われたことにただむずかる小説である。そこから石原は小説を始めなくてはいけなかったが、始めないまま終わろうとしているのは、障子から突き出されたものへの戦後社会の一部の人々のグロテスクな信仰によってである。これを「男らしさ」、挙句は「日本」と錯誤し信仰してきたことの説明はいらないし、するのもうんざりだ。

既に見たように、彼は一人のテロリストを生み出す文学を提唱し、天皇制の無意味さを公言していたのに、彼だけが同時代の中で危険でも不敬でもなく、中曽根康弘にわけのわからない詩を贈り、政治的文学を書くでもなくただの政治家になっていく。

だとすれば、石原は三島と投石少年が浮き上がらせた他者のいる世界をそそくさと隠蔽したかったのは当然だと言える。無論、三島とて実際に投石少年と向きあったはずの皇太子妃の顔を消去してしまっている。そのことが示す問題については次の章で触れる。

†貴種流離譚の発動

大江に戻る。

「セヴンティーン」は、しかし、石原レベルの「あれ」によって自分を根拠付けるのではなく、一方では教養小説的な「おれ」の成長意志を束の間、描きはする。

おれの勃起した性器はロケット弾のようで力強い美しさにはりきっているし、それを愛撫しているおれの腕には、いま始めて気がついたが筋肉が育ちはじめているのだ。おれは暫く茫然として新しいゴム膜のような自分の筋肉を見つめていた。おれの筋肉、ほんとうに自分の筋肉をつかんでみる、喜びが湧いてくる、おれは微笑した、セヴンティーン、他愛ないものだ。肩の三角筋、腕の二頭筋、そして大腿の四頭筋、それはみな、まだ若くて幼稚な筋肉だ、けれども育てようしだいで自由に大きくなり硬くなる筋肉だ。

（大江健三郎「セヴンティーン」『大江健三郎全集3』二〇一八年、講談社）

「おれ」に「筋肉」が育つ表現は平成の小説としての村上春樹の**『色彩を持たない多崎つくると、彼の巡礼の年』**（二〇一三年、文藝春秋）がただちに連想されるだろう。主人公は作中で筋肉をビルドするのである。そういう、筋肉のビルドゥングスロマンを描くことで村上春樹があの小説で冒した錯誤については別の本で書いたから繰り返さない。しかし、筋肉を文学で描いた瞬間、「国家」を作家は無自覚に描いてしまう、とだけ記しておく。

三島の現実での行動を含め、作家にとって筋肉のビルドゥングというものは、しばしば「日本」への接近と一体であることは言うまでもない。その意味で教養小説とファシズムは親和性が高いのは言うまでもない。だから妙な言い方に聞こえるが、筋肉のビルドを伴う「日本」は、石原的「それ」に根拠付けられる「日本」とはまた別の錯誤をする。

小説の中で「おれ」がビルドゥングスロマンを待望した時、近代小説の常として駆動するのは以下の如き文学装置だということに注意したい。


突然、おれは父親の精液から生まれたのではなく、母親が姦通したあげく生まれた子であり、父もそれを知っているのであんなに冷たいのではないかと疑った。（前掲書）

フロイトの言うところのファミリーロマンス、つまり、父の子でない「おれ」の父探しの物語のための来歴否認のスイッチが入るのである。このファミリーロマンスは、言い方を変えれば折口信夫の貴種流離譚であり、どの文化圏でもそれは表象的な「父殺し」の物語だから、「おれ」の物語もまたつまりは「殺す相手」を探すための旅として運命付けられる。

しかし、ここで、決して勘違いしてほしくないのは、ぼくは大江の小説を構造分析しているのではない、ということだ。天皇に小説が接近するとこの装置を作家は自覚的であるなしにかかわらず発動させてしまうのだ。そのことを指摘しているのだ。この「装置」の所在は別の章で改めて問題とする。

このような「セヴンティーン」における説話構造の発動は、孤児としての「おれ」がまるで神話の貴種たちが羊飼いに拾われたり、獣の乳で育てられることの反映のように、農場で母性的な女性の庇護下にあって「成熟」を迎え出立するという展開に至るまでを確実に支配してはいる。例えばこういうくだりである。

> 松岡源五郎氏もまた右翼の思想家がたいていそうであるように神道の信者であり、農場には芦屋丘神社という社までしつらえられていたが、その長男の嫁は仏教を信仰していた、おれは夕暮のせまる農場で、すでに暗い家畜小屋のおれがとりかえた新しい寝藁のくぼみにじっと横たわりせわしない息をしている妊娠した豚の気配にじっと耳をかたむけながら微笑している娘を、その聖母のような表情を眺めるのがすきだった、またその華やかではないが湿りにみちた太い声を聞くのがすきだった、
>
> （前掲書）

ここで、流離された英雄はもう一度、この母性から象徴的に生まれるのである。そういう展開の小説になっている。だから、もう一度確認しておきたいのは、大江は天皇を描く時、そのための説話装置を発動させてしまっている、ということだ。その装置は当然、少

年を象徴的父殺しに向かわせる。

何故、これが問題かというと、説話構造を発動させることで、「おれ」が何故、社会党の委員長を殺さなくてはならなかったのか、本来のテロルの動機の描写から小説家は解放されるからだ。大江はセカイ系としての「おれ」の自意識と読者の感情の共振でテロルの動機を説明しようとしているが、それが小説としての弱さになってもいる。

そのテロルに向かおうとする「おれ」は、「自瀆しようと性器をもてあそびはじめた」が、それは「決して息づき膨らみ硬く」なることはない。まるで、父殺しに行くのにあらかじめ、去勢の恐怖に打ちひしがれているような印象だが、それはともかく、「おれ」はそこでもう一度「美智子さん」となる夢を見る。

> 浅い眠りをねむる一瞬、自分が美智子さんで、それは結婚式の前夜で、父親、母親たちの前で恐怖から涙にむせんでいるというような夢を見て叫びたてながら眼ざめた、またおれは自分がタジマモリで、しかもおれが世界の隅からもってくるために艱難辛苦した花橘の実をバルザックのようなガウンを着た天皇に《なんだ、汚ならしい》とでもいうように無視される夢も見た。
>
> （前掲書）

ここでは二つのことを再確認すべきだ。

一つは改めて、「美智子さんの恐怖」とは何か、ということだ。もう一つは、何故「おれ」は天皇から蔑まれたのか、ということだ。

3　純粋天皇への身投げ

†純粋天皇と対峙する美智子さんの恐怖

まず、「美智子さん」であることの「恐怖」とは「無限の遠方の星で独り眼ざめる恐怖」としてあらかじめこう、語られていた。

> 眠りにおちいるまえにおれは恐怖におそわれるのだ。死の恐怖、おれは吐きたくなるほど死が恐い、ほんとうにおれは死の恐怖におしひしがれるたびに胸がむかついて吐いてしまいそうだ。おれが恐い死は、この短い生のあと、何億年も、おれがずっと無意識でゼロで耐えなければならない、ということだ。（前掲書）

それは言い方を変えれば「他者のいない場所」で「他者」になる、つまり絶対的な「個人」になる、ということだ。その絶対的個人とでもいうべき「私」であることに「おれ」は耐えられない。それが恐怖の正体だとされている。

そして、この絶対的個人に対立する概念が作中に登場し、それが次の引用に登場し、三島に継承される「純粋天皇」という用語であり、概念だ。しかし、「純粋天皇」と言ったところで「ゼロ」になることを「おれ」は恐れているのだから、それは「何もないこと」の看板の掛け替えに過ぎない。ただ、「個」であることを恐れるあまり、「私心なき者」たらんと彼は「純粋天皇」に身投げする。

おれは暗殺する前、その瞬間、そしてそれ以後においても、やがておれはどうなるのか、ということを正面からたちむかって考えたことはなかったという気がする、おれは将来になにを見ていたのか？　死だ、私心なき者の恐怖なき死、至福の死、そして天皇こそは死を超え、死から恐怖の牙をもぎとり、恐怖を至福にかえて死をかざる存在なのだった！（中略）おれ個人の恐怖にみちた魂を棄てて純粋天皇の偉大な熔鉱炉のなかに跳びこむことだ、そのあとに不安なき選れたる者の恍惚がおとずれる、恒常のオルガスムがおとずれる、

（前掲書）

当然だが、この「純粋天皇」への身投げに一片の公に殉じるあり方もナショナリズムも感じない。何故なら彼が身投げした「純粋天皇」とは、つまり「他者」としての「おれ」を拒まない天皇だからである。夢の中で天皇が「おれ」を蔑むのは、「他者としての天皇」の所在を「おれ」が感じていないわけではないからだ。そういう「おれ」が蔑まれるのである。

しかし、こういう負のセカイ系的結末を今、読んでしまうと後に三島がそれを「コピー」(「コピー」というのは三島にとっての「美」や「日本」の代名詞であることは、自力で三島の著作なり三島論に当たり確認することだ)として実践したことで、何か驚きや戦慄というものを感じることができない。しかし、それはネタバラシされての興醒めとも言い難い。もしかすると書かれた時点で既にこの小説のセカイ系的な少年像は説得力を持っておらず、この小説が封印されたのはむしろ小説としてのそのあたりの「批評性」の弱さにあるのか、という気もする。

それでもかろうじて評価できるとすれば、やはり少年が「純粋天皇」に拒まれたことを大江が書き留めていることだ。

「美智子さん」の恐怖は蔑む「天皇」の前に彼女が立たねばならないということだ。無論、蔑む、という語はここでは文字通りの意味ではなく、「他者」としての目を向けられる、ということだろう。

つまり三島が「見た」と信じ、戦慄した「他者」としての「天皇」に対峙することを「おれ」は恐怖している。「セカイ系」を求めてやまない「おれ」はそれに拒まれることを最も恐れる。だからひたすら「おれ」を回収してくれるものに身を投げようとする。その点で、以下の描写に注意しよう。

> **おれは唐手の棒をすこしけずりマジック・インクで皇紀二千六百二十年と書き、また裏側にも神洲不滅と書きつけ、汗が新しくにじみ出て昨夜来の悪い汗を洗い流すまで縄の縞目を殴りつづけた。**（前掲書）

このように「おれ」はかつての戦時下、「皇紀」の中に自分を繋ぎ止めようとした太宰の「わたし」と同じ行動に出る。「女生徒」が収録された戦時下の短編集『**女性**』（一九四二年、博文館）の最後に収録されている「**十二月八日**」において、その戦時下に「権威をもって指で」進むべき道を示してほしいと願う「わたし」が皇紀に貫かれ高揚した、その文学的記憶に縋るようにここで「皇紀」が明示されるのだ。

このように「他者」と出会うことを拒み、「セカイ」と一体化せんとする「おれ」の残る選択は、発動している説話構造に従って、父を殺しに行くしかない。もちろん、村上春樹ではないが、それは象徴的な父殺しだから、実際に殺すのは「天皇」の代替物であってかまわない。物語構造において代入される固有名などは置き換え可能なものである。

†胎内回帰という病巣

しかし、こうして「セヴンティーン」を読んでいった時、そこには天皇なりナショナリズムが彷彿させたロマン主義がほとんど消滅していることがわかる。「純粋天皇」などはロラン・バルトではないが、ただのゼロの記号である。

戦時下、三島はロマン主義のメカニズム的超克を考えていたと戦後、川端に語る。だが、その目論見は、この時点で既に、大江の以下のゼロ記号への「胎内回帰」描写に足をすくわれた感がある。

純粋天皇の胎水しぶく暗黒星雲を下降する永久運動体が憂い顔のセヴンティーンを捕獲した八時十八分に隣りの独房では幼女強制猥せつで練鑑にきた若者がかすかにオルガスムの呻きを聞いて涙ぐんだという

ああ、なんていい……
愛しい愛しいセヴンティーン
絞死体をひきずりおろした中年の警官は精液の匂いをかいだという……
（前掲書）

大江はこのように自瀆者の永久運動として「おれ」を描く。ロマン主義文学の根底にある胎内回帰願望をメカニズム的に形容している。そのようにしてかろうじて「おれ」を突き放しているのかもしれないが、成功しているとも思えない。純粋天皇のいわば説話構造が「セヴンティーン」を「捕獲」してしまうのだ。そういう印象だけが残る。

ぼくは、ここで大江が「純粋天皇」を横光利一の「**機械**」のようにもっと徹底してメカニズム的に描くべきだったと今は思う。だからやがて大江は山口昌男の文化人類学的説話論やロシアフォルマリズムに接近していくことになるのだが。

それにしても、ここで見た羊水の中への回帰イメージは、一九三五年生まれの大江が、一九四三年生まれの山口二矢の死の中に読みとったものだが、この国の戦後におけるその病巣（と言っていい）の根深さは注意していい。

その中間の生まれで「セヴンティーン」よりは幾年か年長である宮崎駿が、そもそも息子・宮崎吾郎の『**ゲド戦記**』（二〇〇六年）を観ていらだち、それが「父」なのか「男」なのか「先達」なのかはさておいて、男性原理の範たらん、として製作したはずの『**崖の上のポニョ**』（二〇〇八年）が、本当に物理的に巨大な母・グランマーレ、つまりグレートマザーの子としてのポニョが主人公の少年とともに母のいる子宮の如き水中世界に回帰する物語として描かれてしまったことを想起させる。宮崎は息子の『ゲド戦記』の、「父殺し」をしながら「母」（比喩でなく本物の）の許に戻るという反教養小説ぶりを批判したつもりで『ポニョ』をつくるが、このような大誤作動として胎内回帰の物語は不意に現われる。

戦後の文学や批評はそれを「批評」できないまま現在に至る。それは天皇をセカイ系としてとらえ、そしてそもそもセカイ系表現とは胎内回帰の願望の発露に過ぎないのに国家や日本との同化と錯誤するからである。

そういう「セカイ系」としての「日本」ないし「純粋天皇」に対する「甘やかし」の期待として戦後文学がある時、そこから拒まれないための強引なる帰還が「セヴンティーン」の結末としての「身体」の「自死」であれば、それは三島の自死までは少なくとも射程距離の中に収めてしまう。

大江はそれに対して自瀆者の「賢者タイム」を以て醒めさせようとしていたが、成功していない。

そんな簡単に戦後文学を総括していいのかという憤懣《ふんまん》が読者にあるいはあるかもしれないが、戦後文学の可能性とは別に不可能性は結局、「そこ」に行き着く。文学のサブカルチャー化でなく、サブカルチャーを文学が代行することで戦後文学の問題はアニメーションやまんが表現に共有される。そういうものがラノベやアニメ周辺で「セカイ系」などと呼ばれることになるのはうんざりするので、これ以上、説明する気はない。

†大江が批評できたもの

大江は「天皇」をめぐる小説がセカイ系であることを少なくともこの時点でさっさと最小限示してしまった。その早急な結論は、ばかばかしくもあり、正しくもある。

だから、正直に言えば大江の「セヴンティーン」の続篇は蛇足のように思える。大江がうっかり「それ」を書いたのは、大江が天皇に回収されていく「おれ」を書く時に貴種流離譚的な、近代小説の中に持ち込まれていた説話装置を発動させてしまったからである。

その駆動した装置に抗えず、最後まで、つまり「父殺し」までを描いてしまう迂闊《うかつ》さの中に若い大江はいた。大江が山口昌男らとの出会いによってそういう装置、つまり説話構造という「物語」を自身の管理下に置こうとするのはもう少し先のことだ。だからセカイ系に回収される「おれ」が「投石少年」でもあることで、「投石少年」が露呈させかけた

「他者としての天皇」「天皇にとっての他者である個」を溶解させてしまったという批判も可能なのである。

とはいえ大江がセカイ系に完全に流されているわけではない。大江は「おれ」を賢者タイムとしての戦後の一環としてカリカチュアライズしているし、何より「おれ」の属性を自瀆者として描いている。しかし、そういう部分さえ今となっては批評性を必ずしも発揮しないだろう。天皇でも日本でもいいのだが、今や国民総セカイ系化（つまり、感情天皇制化）した日本にあって、大江の不敬文学は何の違和ももたらさず、正確で下手をすれば心地良いその自画像となる。さしたる騒動にもならず「政治少年死す」が復活したのは当然だと言える。

だから居直るつもりもないが、「現在」のこの国の天皇制のあり方を論じるのに、七十年前の少年テロリストをモチーフとした戦後文学のいくつかを持ち出すことで十分足りてしまう。それは戦後文学のただの怠惰なのだろうが。「セヴンティーン」及びその続篇の中で大江が唯一成功しているグロテスクな「私」への批評のあり方は、「おれ」が脅迫する作家の描写だろう。

まず、作家は「おれ」の脅迫に思い切り怯みながら這いつくばり、文字通り数ミリずつの匍匐《ほふく》前進しつつ、失地回復する。小説はそこに感じた「おれ」の恐怖をこう描く。

南原の涙に汚れた赤い眼がほんの少し大きく見ひらき、おれを見つめた、おれはいたずらっぽい感情の一瞬のひらめきみたいなものをそこに感じたと思ったが、うまくとらえられなかった。おれは自分が頭の悪い、単純なセヴンティーンの生地をあらわしてしまったという気がした。もうおれの右翼の鎧は威力を発揮できそうになかった、（中略）
待たせておいたタクシーに乗ってふりかえると南原征四郎はぐったりと坐ったまま心臓の悪い人間のように脣をあけて呼吸していた、まだ恐怖の残り滓がくすぶっているのがわかった。

（大江健三郎「セヴンティーン」『大江健三郎全小説3』二〇一八年、講談社）


この大江の分身ともおぼしき作家の前で「頭の悪い、単純なセヴンティーンの生地」、つまり、裸の顔を露呈してしまったことに「おれ」は「恐怖」を感じる。

しかし、誤解すべきでないのは、ここで小説家が「おれ」の前に「他者」として現われた、ということではない。せいぜいが相手が「他者」として錯誤しただけだ。

「おれ」はやがて作家の「正体」を見る。

それはこういう姿として描かれる。

ピアノ音楽にまぎれこんだその若い作家自身の声がきこえている、《そうだ、そんな風だ、そんな風なフレイズがお前自身だよ、オリジナルだ、そうだ、もう一度、ほら、お前の頭のなかが見えるよ、そうだ……》それに加えてまた長椅子の男はつぶやいたり唸ったりする、《そうだ、それがお前だ、そうだ、うん、うん、お前は立派ないい男だ、そうだ、しっかりしろ、オリジナルだ》　（前掲書）

泥酔し、カセットテープの自身の声に励まされるその姿は、自瀆者の戯画《ぎが》でしかない。人は自分によく似た否定的媒介によって、つまり自分は何かではない、ということで「私」の不在の恐怖を購うのだが、「おれ」はそのレベルで、つまり、性的自瀆者でなく言語的自瀆者である「奴」を見て、奴とは違うと思うことで「勝った」と感じる。

しかしこのグロテスクな作家のカリカチュアは、この時期の大江の世界への耐え方に他ならない。何か妙な言い方だが、大江は一貫して世界に対して「他者」であろうとする戦略をとらないのだ。それはその後も一貫していて、大江のわかり難さの理由にもなっている。このような自家撞着《どうちゃく》的な耐え方は一体なんなのか。言えるのは、比喩ではなく、事実として大江はそのようにして耐えてきた、ということだ。

ぼくはこのくだりから大江と袂《たもと》を分かった後の江藤が愛情を込めてこう回想しているこ

とを思い出す。

次の瞬間に突然気がゆるんだのか、私はこみ上げて来る嘔吐をこらえられなくなって、立ったまま吐いた。吐いても吐いても嘔吐はとまらなかった。私は棒立ちのまま吐きつづけながら、なぜ自分は悲しいのだろう、いったい何に自分は耐えているのだろう、というようなことを思っていた。そういう断片的な想念もまた激しい嘔吐の発作におしやられて、意識が次第に薄れて行くのが感じられた。

気がつくと、大江が私をかかえるようにして、背中をさすりながら何かいっていた。それはこんなふうに聴えた。

「エッ、江藤、しっ、しっかりしろよ。エ、江藤、お前は堂々としてるなあ。しっ、しっかりしろ。だ、だいじょうぶか。江藤。お、お前は本当に堂々としてるなあ」

大江はほとんどひとりごとをいっているのであった。私が聴いているなしにはおかまいなく、吃りをまるだしにして、背中をさすってくれながらそうつぶやいていた。それを聴くうちに、私の両の眼に熱いものがあふれて来た。そういえば、大江が「お前」といったのも私を「江藤」と呼び捨てにしたのも、このときがはじめてだったような気がする。大江がそれをまるでひとりごとのようにいっているのがよかった。私はそのとき、大江の優しさが私を包むのを感じた。そう思うとそれに甘えているのは罪悪のように思われて、私は気をとり直し、あらためて大江に礼をいって別れを告げ、ふらふらしながら自分の部屋に戻った。

（「大きな兎」『江藤淳コレクション3　文学論Ⅰ』二〇〇一年、筑摩書房）

泥酔した江藤への励ましは大江自身への励ましであって、大江は彼の自己完結的な「はげまし」を江藤に向けている。ぼくにはこのくだりが、次に論じることになる、江藤が世界に向かって「他者」であろうとすることへの「はげまし」のように思える。

すでに述べたように大江は多分、世界に向けた他者たらんとはしない。しかしだからといって三島のように「セカイ」に身を投げない。もっと鈍感であり、しぶといのだ。

しかし、このような「批評」には未だなり得ていない「他者」への「はげまし」に留まるようなものが、しかし、大江の小説があらかじめ描きとってしまったセカイ系小説への不協和音としてあることは確かだ。そのことが賢者タイムへの目覚めを拒否しようとした結果の、「純粋天皇」という負の「セカイ」系への身投げでしかない「おれ」の選択を幾《いく》許《ばく》か不快なものに変えることに成功している。それはこの国の戦後文学史に本作がひどく居心地が悪く置かれている最大の理由でもある。その意味でぼくはこの不出来な小説が好きである。

4　江藤淳が見た天皇と他者としての妻

†コロニアルまがいの空間

さて、「天皇」に石を投げた刹那、そこに「他者」が発生しかけたその戦慄への同時代の文学者たちの混乱、つまり「他者」の露呈に「美」さえ感じた三島ですら大江の未熟な天皇小説の枠内に収まる形で「純粋天皇」に身投げをしていることを考える時、戦後文学というものが「天皇」、あるいはそれが表象する「日本」に対して「他者」であろうとすることがいかに困難であったか。

恐らくその問題をひどくまじめに受け止めた（唯一、と言えるかもしれない）一人が、大江に「はげまされた」江藤淳であった。ぼくはそもそも本書において「他者」という語を江藤の批評用語に準じて用いている。しかしその江藤とてほとんど事故のように（という比喩は実は極めて不適切なのだが）「他者」を描き、そして、結局はそれを投げ出してしまうのだ。

そのことは『**サブカルチャー文学論**』（二〇〇四年、朝日新聞社）で詳細に論じたから、詳しくは繰り返さないが、とうに絶版になっているので以下に概要だけおさらいする。江藤は北米留学で「社会ダーウィニズム」社会としてのアメリカへの「適者」となる。そのことで何かになった気がして、あるいは、「日本」を見つけた気になって戻ってくる。それは村上春樹に至るまで文学者の北米留学が彼らに「日本」を発見させてしまう仕掛けのもたらしたもので、その繰り返しに、自身を含めて誰かが批評的であるべきだと後に江藤は考えることになる。そして、『**アメリカと私**』（一九六五年、朝日新聞社）に続いて書かれ、大江の「セヴンティーン」ではないが、江藤の生前は封印されていた「**日本と私**」はそのような江藤の日本喪失を批評的に描く。

　帰国した江藤が体調のすぐれぬ妻を連れて借家を転々とする。「日本と私」はその様を描くエセーである。妻を（それは江藤にとって言うまでもなく「母」の代替でもあるのだが）庇護する空間を担保することは、このエセーをきっかけに江藤の批評の根幹を成していき、それが江藤の倒錯したフェミニズム的な保守というねじれを生んでいく。

　江藤夫妻が移り住む「借家」は突然、蚤が発生したり、居住中に取り壊しが始まったり、江藤がわざと不具合な物件を選んでいるとしか思えないような家だ。最終的に疎ましく思っていた父を保証人として分譲アパートを購入するのだが、引っ越しの当日、壁が崩れ落ちてしまう。

そうやって手に入れた家は「コロニアル・スタイルまがい」のものであるのだが、三島由紀夫がコロニアル様式のコピー、つまり西欧が植民地にコピーされ、更にその紛いものとしての家を「敢えて」建築家に注文したほどに諧謔的《かいぎゃく》になれてはいない。

そういう暮らしの中で江藤は「日本」を自分がいつの間にか失っていることに気づく。

アメリカにいるときには、家があって、夫婦がいて、子供も犬もいなかった。しかしあのころはたしかに気持の落着きがあったような気がする。それは私たちのあいだに「日本」というものがあったからだろうか。私たちはこの「日本」を通じて話しあい、この「日本」の存在をたとえば夜の食事のあと、デザートのリンゴの皮をむいている家内のうなじの影に感じることができた。（中略）
しかしその、「日本」は、日本に帰って来た私たちのあいだからいつの間にか消えてしまい、そのかわりをするものはどうしても見当らない。「アメリカ」は、つまりこの牛込のアパートのなかにあるコロニアル・スタイルまがいの食卓や椅子や燭台などは、いいものではあってもあの「日本」のような切実なものではあり得ない。早い話が、私はだんだん西洋人に逢うのが面倒臭くなっている。西洋人に逢うたびに、現在の自分の生活と彼らの生活との落差を、跳びこえたり跳びおりたりしなければならないのが、ひどく面倒臭いのである。（「日本と私」『江藤淳コレクション2　エセー』二〇〇一年、筑摩書房）

ここで「日本」と言っているものの意味を恐らく江藤はまだうまく表現し得ていない。「廃墟」から「廃墟」へ、つまり不確かな「家」を転々としていた時には感じなかった違和をようやく手に入れた「コロニアル」な家で感じる。その「違和」によって逆説的に感じるものでしかない。

それは「日本」の不在というより、彼らが手に入れた「コロニアル」まがいの空間が確かなものとして江藤を世界的に繋ぎ止めてくれないからである。『成熟と喪失』（一九六七年、河出書房新社）で母を「自己破壊」させるアメリカ式の人工的な空間と似た種類のものだ。

余談となってしまうが、この「人工的」な何ものかをめぐって戦後の「保守」は大きく立場を異にする。つまり三島は「人工」を美と感じ、西部邁《すすむ》はこれを「近代」と同義にとり憎悪し、江藤は矛盾した態度をとる（「保守」といってもこの三人だけだが、一体、この三人以外にどこに「保守」がいたのかをぼくは誰一人思い出せない）。

それはさておき、帰国した後の江藤は一度だけ「国家」ないしは「日本」を実感したことがあった。

それはテレビで観たオリンピックの開会式での光景であり、そこで江藤が感じた「日本」とはこのようなものだ。

> いま日本は世界だ。世界は日本をとりかこむ敵意にみちた「他人」ではなくて、いま日本のなかに存在し、その中心に敬礼している。渋谷のアパートにふりつもるほこりも、宿屋にわいたノミも、東京中を掘りかえした建設という名の破壊も、みんなこの瞬間のためだったのだろうか。（前掲書）

この「世界」が「日本の中」にあると江藤が表現するこの感覚が一体、何かは説明するまでもないだろう。

この「日本」の出現による充足感に江藤は廃墟を放浪している暮らしを忘れ「性的な充足」さえ感じられたという言い方をする。性的という点では三島もそうだろう。大江はまさに自瀆者の性的愉悦としてそれを描いた。しかし、正直にいえば、ぼくはその感覚がさっぱりわからない。天皇制の向こうにエロスを見る類のロマン主義は意味不明である。

†江藤が感じた「日本」の手応え

とはいえ、理解に努めてみる。大江の「おれ」が「純粋天皇」に身投げする際、性的な高揚はそれは「なにものかにうけいれられ、意味付けられていくような手ごたえ」だとも表現される。そして江藤においては、二つのことがここで起きていることがわかる。

一つは江藤の「私」が「日本」とぴたりと一致していること。そしてその「私としての日本」と「世界」が一致していること。まさに「セカイ系」としての「日本」がそこに出現しているのだ。「セカイ系」が性的充足かはさておき、それが江藤にとって唯一、感じ得た「日本」ないしは「国家」の手応えである。

しかし、それは一瞬で、つまり開会式を放送するテレビを消してしまえばただちに消える質のものだ。むしろ江藤が描きたいのはそのことだ。そのような「日本」への批評である。

だから、江藤はこのセカイ系としての「日本」をこうも表現する。

だがそれにしても、あのとき私を吸いこんで行ったものはなんだったのだろうか。それは行進というもののあたえる感動だけではない。なにかのきっかけで姿をあらわした

日本人の願望の集合のようなものだ。世界を自分のなかに含み、「他人」に絶対に出逢うまいとする願望。（前掲書）

即ち「世界」を自分の中に含む、つまり「セカイ系」とは「「他者」に絶対に出逢うまいとする願望」なのだと江藤はかくも正確に書く。

だとすれば江藤は「他者」と出会うために「日本」から戦略的に解離しなくてはならない。奇妙な壊れかけの家を放浪し、「日本」の不在、というより「世界」への断念を自分に言い聞かさなくてはいけない。

そう考えた時、江藤が「コロニアル・スタイル」の人工的な家に違和を抱きつつ、敢えて住むことに一定の整合性が出てくる。つまり江藤はセカイに回収されず、セカイに対し「他者」であるために「コロニアル」な日本でも、西洋でもなく、どこにも根差し得ない場所にいなくてはならない。

大江が励ましたのはこういう江藤であったはずだ。

この「コロニアル・スタイル」の「架空の生活」（と江藤は表現する）は、既に触れたように江藤の中で『成熟と喪失』における「人工」的な世界となる。そして、田中康夫が表現したと江藤が錯誤した「記号の集結としての都市空間」、ＧＨＱの検閲がつくり出した

「閉ざされた言語空間」と、その呼び名を変えて批評の対象となっていく。つまり江藤は「他者」と出会うためにそれらの人工的な世界をむしろ必要としたのである。

それはほとんど創造した、と言ってもいいだろう。敢えて「廃墟」に住むという選択は、人工的世界の批評家的捏造と一致したふるまいである。

†GHQによる検閲の検証は妥当だったのか

例えば、保守思想家として江藤は批判すべき戦後をGHQの検閲がつくり出した、閉じて、かつ人工的な作為に満ちた言語空間として描き出そうとした。しかし、それは批判するためにつくった、と言ってもいい。

江藤は、その作業としてフランゲ文庫に所蔵される占領下のGHQの検閲の記録を洗い出すことで、戦後の言語空間がいかに彼らのもたらした「禁忌」によってつくられているかを示そうとした。

そして具体的な検証として行ったのが柳田國男の『**氏神と氏子**』（一九四七年）における検閲の痕跡の検証である。柳田のこの書は、GHQの一部局であったCCD（民間検閲支援隊）による校正刷りがフランゲ文庫の中に残されているという。

この問題については、ぼくは柳田のひどく読みにくい文体を一体、誰が検閲作業をしたのか、つまりGHQの職員であるアメリカ人というよりは日本側の協力者の手による可能性が考えられるが、そのことにむしろ関心がある。戦前、柳田と離反しながら戦時下、日本にナチス式民俗学を持ち帰り、戦後は柳田の批判者になる岡正雄らのグループがこの時期、GHQの周辺にいた状況証拠があるからだが、それは本書のテーマではない。
江藤は「検閲」の前と後を比べて、こう結論付けている。

神道の固有信仰が、いわば外来宗教の底にあって「同一の」次元にはなく、そこを通って仏教にもキリスト教にもいたる日本人の宗教感情の源泉であることを、GHQは認めようとはせず、その結果「人心は是によって萎縮し又動揺」し、「田舎の村の小さな社に神を祭る人々は、殆ど前進の路を見失」った。そればかりではない。人々は「永久にこの国土のうちに留つて、さう遠方へは行つてしまはない」無数の「霊」の存在を、できるだけ早く忘れてしまうように要求された。
（「『氏神と氏子』の原型——占領軍の検閲と柳田国男」『江藤淳コレクション1　史論』二〇〇一年、筑摩書房）

それは「民族の記憶を圧殺すること」を目的としたとも言えると江藤は考える。

しかし、本当にそうなのか。江藤が問題とした「検閲前」と「検閲後」をいくつか江藤の論文から抜き書きして並置してみる。

【検閲前】 たとへば昨年十二月に発せられた、日本神社に対する進駐軍の指令の如きは、驚ろくべく大まかな、向う見ずと評してもよいものであつて、其為に田舎の村の小さな社に神を祭る人々は、殆ど前進の路を見失つたやうな姿があるが、自分などから見ると、是すらも亦一つの我々を賢くする好機会であると思ふ。

【検閲後】 全国の神社の数は十万以上、今度の変革で目に見えた影響を受けるものは、二千とは無いであらう。民間の敬神はなほ持続し、たゞそれが大分以前から、少しづゝ動揺して居ただけである。故に将来に対しての不安がもしありとすれば、もつと早く感じられて然るべきであつた。新たなる衝動は此意味に於て、寧ろ好い機会と言つてもよい。

確かに先に引用した検閲前の文にあった「進駐軍の指令」のくだりは消えている。しかし元の文では敗戦によって国家神道から解放されたことで「我々を賢くする好機会」だとも書く。柳田が戦時下から敗戦後、個として考える有権者をつくる「公民の民俗学」に腐心していたことはここでは繰り返さないが、柳田の最初のバージョンは個として戦後を生きる人々が再び考え始める契機だと主張しているともとれる。

しかし並べて引用してある検閲後のバージョンでは国家神道からの地方の寺社の開放の影響は小さく「民間の敬神はなほ持続し」とGHQの政策の結果のもたらした「ゆらぎ」より「持続」が強調される。

あるいはこのような差違はどうか。やはり検閲前・後を並べてみる。

【検閲前】 日本のいはゆる神社神道に就ては（斯んな名は今まで無かつた）、非常に不精確な、且つ中心をはづれた概念を、外国の人たちは皆持つて居る。

【検閲後】 いはゆる固有信仰は、何れの民族に於ても常に言説の外に於て発育して居る、胸から胸への伝承といふものは、是を筆舌に表示しようとすると、必ず脱漏があり又偏頗を免れない。

「いわゆる神社神道」という近代の国家神道への言及が「固有信仰」と言い換えられてい

る。単に外国人、つまりＧＨＱの神道への誤解の指摘が「固有信仰」の存在の明確な主張へと変わっている。しかもそれが「胸から胸」へと続いているとされる。固有信仰論はナチス民俗学の残滓としてのロマン主義でもあるのだが、柄谷行人のような人でさえ、絡め取ってしまう磁場があって、ぼくの柳田國男論は、柄谷に固有信仰への無視を批判されさえされる。

こちらの検閲前・後も気になる。

【検閲前】対処の策としては、自分は努めて自然を期し、強ひて消え行くものを引留めんとせず、たゞ多数の常民の心の裡に萌すものを、押曲げ踏み砕かぬだけの用心をすればよいと思つて居る。

【検閲後】それから今一つは遠く山川を隔てゝ、国内各地の住民の抱いて居るものが、信も疑ひも共々に、期せずして互ひに一致して居ることを、発見せしめるのも大いなる啓示であらうと思ふ。

元の記述では信仰の盛衰は自然にまかせるべきで残るものは残る、と言っているが、検閲後は日本の各地で個別にあるかに見える信仰が一致していて、つまりそこに信仰を共有する「日本」がある、というロジックが垣間見えるのだ。

こうして見た時、検閲前のほうが国家神道から個人の信仰が解放されたことを強調するのに対して、検閲後の方が「固有信仰」を共有する「日本」が所与のものとなっている。

このことは案外と「単一民族説」が戦後の言説である、という小熊英二などの議論とも重なってくる問題だが、実際にはGHQの検閲によって江藤が奪われたと感じた「国民の敬神」の「持続」がむしろ検閲後に強調されていることは最低でも読みとれる。

もし、GHQが戦後の日本の言語空間をつくったのなら、奇妙なことに、それは日本という限定的な地域に展開する「固有」の「日本」ということになる。何かGHQの検閲は、「日本」という「伝統の創造」を目論んでいたようにさえとれてしまう。

江藤が歴史と地理を損なったと批判した戦後の言語空間に対し、GHQはむしろ「日本」という他者なき世界をつくろうとしている、とも言える。それを江藤は地理と歴史が奪われた、とすり替えている。少なくとも柳田の検閲をめぐってはそう言える。

江藤が本来すべきは、日本固有のものへの回帰でなく「セカイ」、つまり「日本」の批判者であることでなくてはならない。それが「日本と私」のスタンスだった。

しかし、そういう江藤の中で名を変えてきた「架空」「人工」「サブカルチュア」「戦後」に対して、江藤はそれは「日本」が失われた結果だと考えるようになる。そこ、つまり喪失された場所でなければ「他者」たり得ない、と「日本と私」の時点では考えていたのとは正反対の位置に行ってしまう。

†江藤だけが見た、他者としての妻

それでは少なくとも、この時、つまり、エセー「日本と私」において、江藤はこのような「架空」を生き、「日本」というセカイ系を拒み、「他者」たり得たのか。

「日本と私」は既に記したように生前は未刊の書である。その直接の原因は友人の山川方《まさ》夫《お》の死である。

詳しい事情は書かれていないが、このセカイを拒む「架空」の暮らしに、つまり、「日本」に批評的であることに、江藤は結局のところ耐えかねていた印象だ。そしてどうやら江藤は妻に暴力をふるったらしい。

連載が中断する、前の回の最後で、江藤は、交通事故で重傷の山川のうめき声が響く病棟で、一人の「薄黒いあざが浮いている」女を認める。

Yの呻り声が冷い、人気のない廊下に轟きわたっている。Yはいま自分の皮膚からぬ

け出し、耐えていたものをすべてかなぐりすてて、闇のなかで咆哮している。（中略）
その闇のなかからひとりの女があらわれて、廊下の曲り角で立ちどまった。黄色い灯のあたっている側の頬に、薄黒いあざが浮いている。それは幻影かも知れないが、家内かも知れない。私はYの咆哮がますます轟きわたる廊下を、そのほうに歩いて行った。

（江藤淳「日本と私」『江藤淳コレクション2　エセー』二〇〇一年、筑摩書房）

言うまでもなくそれは「他者」としての妻である。

これをどう理解すべきか。

投石少年は皇太子夫妻に石を投げた。少年の石は幸いにも手前にいた皇太子妃に当たることはなかったが、しかし三島がそこで浮び上がらせた「他者」は皇太子であってその妻ではない。戦後文学は「他者」としての「皇太子」を消そうとしたが、しかし、それ以前に「他者」としての「皇太子妃」の可能性について言及しなかった。

投石少年は皇太子夫妻に石を投げたが馬車を毀損しただけだ。三島は、仮想の放物線を描いた。大江の「おれ」は写真に向かう自瀆者でしかない。石原は自分を甘やかしてくれる母性的世界の崩壊に腹を立て、遺影に「投石」した。それに対して、江藤だけが現実に「妻」を殴る。セカイに回収されない「架空」を生きようとして堪え兼ね、妻を殴り、そして皮肉にも「他者」を見た。

これは、江藤にとって彼の批評、あるいは文学の敗北だったのかもしれない。その後の江藤が「母を崩壊させない空間」として人工的な戦後世界を実は擁護する側に回り、そのねじれが田中康夫へのねじれた評価となることは改めて確認する。しかし、そうやって江藤は「他者」であるための戦後ではなく、「他者」のいない戦後へと転向するのである。

恐らく、江藤は自らが不意に召喚した、他者である妻に耐えられなかったのである。

第三章

押入れの中の「美智子さんの写真」と「女子」教養小説という問題

婚約発表後、テニスを楽しむ正田美智子と皇太子明仁（1958年12月6日／毎日新聞社）

1　正田美智子に選ばれなかった男たち

「投石少年の時代」を回想してきて一つだけ気になるのは、戦後文学者というよりも「男」の書き手たちの正田美智子に向けた視線である。「他者」としての皇太子を浮び上がらせようと、あるいは隠蔽しようと「投石」の場で現実的な位置関係からいえば投石少年が「見た」可能性が高い皇太子妃の存在は消去されている。婚約が決まって以降、正田美智子の「顔」は週刊誌や映画館のニュース映像などに溢れていたはずであり、女性週刊誌などは今とは比べものにならないほどの影響力を持っていた時代である。婚約のスクープも投石少年の分解写真も女性週刊誌のスクープなのである。

その中で少年だけが、直接の対話の相手を皇太子としながらも、皇太子妃との話し合いを同時に期待していたことは石原慎太郎の会見記から垣間見える。にも拘わらず、三島と石原は皇太子妃を消去した。大江は皇太子妃の名を小説中に記述したが、「おれ」を投石少年とも「美智子さん」とも一体化させた。誰もが「他者」としての皇太子妃を消すことに必死だ。

この「男たち」の皇太子妃に対する「感情」についてこの章では考える。そのこともまた「感情天皇制」を考える上で避けて通れない問題であるからだ。

奇妙な言い方になるのを承知で書くが、「男の作家たち」の感情の根底にあるのは正田美智子に選ばれなかったことの屈託にありはしないか。

まず、そう考えてみる。

†三島由紀夫と正田美智子の見合い

例えば三島由紀夫は、正田美智子が皇太子妃の候補となる前に彼女と見合いをしていたことが評伝などで公式には否定される一方で、三島自身がそう語ったという証言がいくつも残る。

比較的新しい記事では、成婚五十周年に便乗した『週刊新潮』二〇〇九年四月二日の「特集」だ。「投石少年」のその後や、後述する小山いと子の「不敬文学」など、この週刊誌らしい「秘話」の一つに三島と正田美智子の「お見合い」が記事になっている。

三島由紀夫から、直接その話を聞いたのは、毎日新聞元記者で評論家の徳岡孝夫氏だった。徳岡氏がバンコック特派員だった時、三島がインド旅行の帰途、タイに立ち寄った際に聞かされたのだという。

「昭和42年のことです。バンコックのホテルのプールサイドに2人して座っていた時、三島さんの方から突然、ポツンと言い出したんですよ。〝僕は美智子さんとお見合いしたことがあるんですよ〟と。あんまり突然でしたので、何を言い出したんだ、えらいこっちゃなあと思いましたが、そんなに驚きはしませんでしたよ」

とは徳岡氏ご本人。

（「「美智子さまと三島由紀夫」のお見合いは「小料理屋」で行われた」『週刊新潮』二〇〇九年四月二日号）

銀座の割烹「井上」で両家が見合いをしたという、故人となった女将の証言までも紹介されている。徳岡は著書である三島論の中でも同様の言及をしているし、楯の会の元メンバーや、三島に近かった批評家・村松剛《たけし》の回想も残っている。

それに三島は御成婚前の美智子妃――現在の皇后――を、ほんのわずかながら知ってもいた。昭和三十二年に後年の美智子妃が聖心女子大学を卒業されたときには、どういう事情によるのか、彼は倭文重《しずえ》さんと一緒にその卒業式の参観に行っている。（参観は、あるいは美智子妃とは無関係だったかも知れない。）

（村松剛『三島由紀夫の世界』一九九六年、新潮社）

村松は慎重な書き方をするが、むしろ「見合い」とは別の接点の存在を示しているようにさえとれる。正式の見合いがあったか否かは別として、三島と正田美智子が顔を合わせていることは確かなのだろうとこれらの証言は思わせる。だとすると、それが三島の文学に影響を与えたとまでは言わないが、少なくとも三島が「投石少年」をめぐって書いた「不敬文学」で彼が美智子妃を消した理由と無縁とは言えなくなってしまう。

つまり、三島は彼が直接知っている「顔」を消したことになるのだ。三島に、「皇室に嫁ぐ恋人」というモチーフに作家としての拘泥があったことを示唆しているのはその村松剛だ。村松は、「**『豊饒の海』ノート**」の中の、三島が「私小説だ」と語っていたという**『春の雪』**（一九六九年、新潮社）のプロットが記されたくだりを引用し注意を促している。

その同じ「『豊饒の海』ノート」のはじめの方に、

「少女と愛し合へど意志薄弱。
つひに少女やきもきして宮家と許婚。

このときはじめて通じ合ひ、妊娠し、大問題。
少女剃髪。」

この腹案は全体としては『濱松中納言物語』一の巻のとおりであり、前半二箇条は「宮家」が相手であるという一点を除けば、三島の青春そのものである。「許婚の間柄になるべき」だった「夏の戀人」を、三島もまた逡巡から失った。（前掲書）

村松は『春の雪』がそもそも古典「**濱松中納言物語**」の説話構造を援用しているとする一方、この失恋はあくまで青春時代の経験の反映であるとし、正田美智子との連想を慎重に断つ。

断ちつつ、深読みの余地を残す。

だからその一方で村松は三島が「**頭文字**」（一九四八年）で皇族との婚約が内定した女との密通をプロットとした小説を書いていることを思わせぶりに紹介もする。「見合い」以前からそういうモチーフが三島の中にあったことになる。

†「皇族に嫁ぐ女から選ばれなかった」モチーフ

三島が皇太子妃の顔を描かなかった、という問題に戻る。

この時期の三島は「憂国」（一九六一年）の中で女の顔をこう書くことができている。

「いいな」と中尉は重なる不眠にも澄んだ雄々しい目をあけて、はじめて妻の目をまともに見た。「俺は今夜腹を切る」

麗子の目はすこしもたじろがなかった。

そのつぶらな目は強い鈴の音のような張りを示していた。そしてこう言った。

「覚悟はしておりました。お供をさせていただきとうございます」

中尉はほとんどその目の力に圧せられるような気がした。言葉は譫言のようにすらすらと出て、どうしてこんな重大な許諾が、かるがるしい表現をとるのかわからなかった。

（三島由紀夫「憂国」『花ざかりの森・憂国—自選短編集—』一九六八年、新潮社）

「憂国」という小説は男がほとんどこの妻の目に見られる、「目の力に圧せられ」たことのみに衝き動かされ自死する物語である。妻の言葉を「かるがるしい表現」と思いながらその「目」に抗えない。抗えないまま自死するのである。

そして、「裸の顔」の皇太子の隣でこういう「瞳」を「投石少年」が見据える描写は、少なくとも三島の投石少年をめぐる記述にはない。

このような三島の投石少年論における皇太子妃の不在を、正田美智子に選ばれなかったからとまで敷延することは無論、強引である。しかし、いくつかのこの件をめぐる証言から創られようとするのは、三島が正田美智子を選ばなかったのではなく、正田美智子が三島を選ばなかったという構図ではある。そこは確認したい。

例えば女優の長岡輝子がこうまで言っていたと書いている本がある。三島の自決後の三島の母との会話であるとされる。

「でもね、由紀夫さんは自分のなさりたいことはぜんぶ成し遂げてそれこそ藤原道長の歌じゃないけれど、「望月」の本望がかなった方じゃありません?……」

と長岡はたずねた。

すると倭文重は、ややあって、

「(中略)でも、あの子には、ふたつだけ叶わなかったことがあります。ひとつは……ノーベル文学賞をもらえなかったことです。(中略)それと、もうひとつは、結婚問題です。本命の人と結婚できなかったんです。……お見合いをして、不成立の縁談で、唯一、心残りの方がありました……」

「それは……どなた?……」

「……正田美智子さんです――」

（中略）

「のちに皇太子妃になられて、時とともに公威（倭文重は「きみたけ」と呼ばず、「こうい」「こーちゃん」と呼んでいた）の意中の人として消えがたくなっていったようです。もし、美智子さんと出逢っていなければ、『豊饒の海』は書かなかったでしょうし、自決することもなかったでしょう……」

（高橋英郎『三島あるいは優雅なる復讐』二〇一〇年、飛鳥新社）


しかし、工藤美代子などはそれまでの「風説」を打ち消し、「見合い」の事実そのものを否定し、三島がそういう噂を利用して自ら物語った虚構だと結論付ける。「見合い」の釣書は確かに持ち込まれたがそれだけだという。確かに、見合いをした料亭の女将の証言以外はほとんどが三島の発言が根拠である。

実は、それはそれで興味深い。むしろ、三島の妄想であれば、それもまた未然とはいえ彼の文学である。そして、彼が彼の捏造した虚構の中を生きていたのなら、この時期、三島が『**からっ風野郎**』（一九六〇年）で突然、映画俳優となったことも妙に説得力を持つ。三島は、俳優であることに関して、監督の意志で自身が動かされることに奇妙な面白味を見出していた節がある。

つまり、物語構造というフォルムを作品の「内」でなく「外」で生きる錯誤がこの時の三島の中で始まっていたとすれば、工藤の主張にもうなずけないわけではない。

虚実のいずれであろうと、「皇族に嫁ぐ女から選ばれなかった」というキートーンがこの時から三島の現実をも支配していた。だから、「見合い」が事実であろうと文学的妄想であろうと正田美智子に選ばれなかった者としての三島が「投石少年」の不敬文学から皇太子妃の姿を消した、そのことだけは事実だと言える。しかしそれは三島個人というよりはもう少し広く共有された感情ではなかったか。

†「セヴンティーン」にも見られる倒錯

こういった正田美智子に選ばれなかった、つまり彼女が「不在」であることへの焦燥は大江の「**セヴンティーン**」の「おれ」にも明瞭である。

前の章に引用した「おれ」が「投石少年」となり、そして「結婚式ガブッコワシ」になることを祈る夢を見たあとのくだりだ。

あれは何故だったろう、おれは死の恐怖から逃れられず体をおこし眼をひらき、震え

る体を抱きしめ暗闇を睨みつけた。今日はいままで一番ひどい恐怖で脂汗が流れてきた。おれは祈るような思いで、できるだけ早く結婚し、その美しくはなくても憐憫の情の厚い妻に夜じゅう眼ざめていてもらい、おれが眠ったまま死なないように見はっていてもらえたら、と願った。

（大江健三郎「セヴンティーン」『大江健三郎全小説3』二〇一八年、講談社）

自分を「憐憫の情の厚い妻」の感情労働によって世界に繋ぎ止めたいと「おれ」は願うが、その「妻」は現実にはいない。「妻」は「美智子さん」である以上、「おれ」もまた「美智子さん」に選ばれなかったことに耐えかねている印象だ。

この男たちの、倒錯は何なのだろう？

月並みに考えれば、正田美智子の結婚はシンデレラストーリーである。だから美智子妃は皇太子から選ばれたという構図なのに、男たちは選ばれなかった、という倒錯した構図に自身を置く。こういう選ばれなかった男の物語は、六十年経っても女性週刊誌が当時の「ボーイフレンド」の存在を匂わせていることでうかがえる。数多の求婚者を振り切って天上界に帰還した姫の物語を別とすれば、女が主体的に数多の中から男を選ぶという物語は「乙女ゲーム」がようやく獲得した形式であるにも拘わらず、である。

このようなジェンダー的反転という問題はこの国の戦後のサブカルチャーやサブカルチャー文学が男性の成熟忌避を描く一方で、最後の章で触れる古市憲寿に至るまで、村上春樹も宮崎駿も男の成熟は描けず、女のビルドゥングスロマンを描いてきたねじれとどこかで繋がってくるのかもしれない。三島でさえ、「頭文字」はヒロインが人工中絶し出家する、という奇妙な女性教養小説的結末を採用しているのだ。

†「美智子さん」に向けられた劣情

しかし、「美智子さん」に関して言えば、そこにもうひとつ、「劣情」のようなものの所在をどうしても指摘しておかねばならない。

「セヴンティーン」の「おれ」が自瀆少年であり、その彼が押し入れの中に女性の写真を貼るということは、大江はそうは書かないが、しかし性的な用途を感じとらざるを得ない。

あるいはこういう描写も気になる。

おれは最低で、それは確かにおれの十七歳の誕生日の夜に似ていた、おれは怯えきったインポテのセヴンティーンなのだ、そしておれは苦しみながら浅い眠りをねむる一瞬、自分が美智子さんで、それは結婚式の前夜で、父親、母親たちの前で恐怖から涙にむせんでいるというような夢を見て叫びたてながら眼ざめた。
（大江健三郎「政治少年死す（「セヴンティーン」第二部）」『大江健三郎全小説3』二〇一八年、講談社）

既に見てきたように、彼女の結婚式前の脅えを大江は自分が消滅することの恐怖だとする。しかし違うものに「劣情」していないか。

例えば大江と同じように不敬文学の一つにこの時期加えられる小山いと子「**美智子さま**」では、皇太子夫妻の「初夜」がポルノグラフィー的ではないにせよ描かれる。従って写真にせよ、このくだりにせよ、性的なニュアンスを読みとることは強引な解釈と言えるだろうか。下世話だが、しかし、大江があれだけ過剰な自瀆小説の中で「美智子さん」からは徹底して「性」を切断する態度には、却って「劣情」とその隠蔽を感じとらざるを得ない。何しろ当時の報道では正田美智子のスリーサイズが公然と報道されているのだ。

当時の「美智子さん」の状況をアイドルの如きと形容するのは陳腐すぎるが、彼女の身体への関心、その中にはいかなるファッションが似合うかも含まれるにしても、大衆はそれを隠す必要がなかったのである。あとで引用するが、「**風流夢譚**」の中の出来事を「革命」でない、と深沢七郎が描いているのは、そこで描かれる大衆の欲望が少しもポリティカルではないからだ。
だから、大江は「美智子さん」からは「性」を遠ざける一方で、「政治少年死す」の作中に藤森安和の詩集『十五歳の異常者』（一九六〇年）から以下の一節を引用する。

いけないことだよ。おまえ　ポリさまに怒られるよ。
いけないよ。いけないよ。たんといけないよ。
なんだい、天皇陛下が御馬で御通りになったからってよ、
天皇陛下だってしるんだよ　あれを　あれをさ。バアチャン、アレダヨ。
天皇さまだって人間だものアレしるさ。

（前掲書）

ここでは「天皇」と「アレ」を敢えて下世話に結びつけている。あくまで皇太子夫妻でなく、「天皇」への性的不敬（奇妙な表現になるが）である。しかし、それが「引用」であるという一点において大江の「ためらい」を感じないわけにはいかない。今の人たちのことはわからぬが、かつてのアイドルファンたちは彼女たちを徹底して「性」から遠い「清純さ」を求めつつ、同時に劣情していたはずである。つまりはそれと同質の態度を大江と大江の描く「おれ」に感じる。

こうして「美智子さん」を持ち出した瞬間、男たちの「他者」も「セカイ」もひどく陳腐なものに転じていく。それはあまりにバカバカしいが、批評は避けて通るべきではない。

2 一九五九年の成婚メディアミックス

†深沢七郎「風流夢譚」が揶揄したもの

さて、ここで立ち止まって思い出してみる。

冷静に考えれば、この時期の一群の「不敬文学」の中で、この章の後半で論じる小山いと子のものも含め「天皇夫妻」ないしは「皇太子夫妻」なりの天皇家の人々をテロリズムの直接の対象として表現したのは、深沢七郎の「風流夢譚」のみなのである。

実際、深沢はあからさまにこう描く。

その横で皇太子殿下と美智子妃殿下が仰向けに寝かされていて、いま、殺られるところなのである。私が驚いたのは今、首を切ろうとしているそのヒトの振り上げているマサキリは、以前私が薪割りに使っていた見覚えのあるマサキリなのである。私はマサカリは使ったことはなく、マサカリよりハバのせまいマサキリを使っていたので、あれは見覚えのあるマサキリなのだ。（深沢七郎「風流夢譚」『中央公論』一九六〇年一二月号）

「俺」が加害者になるわけではないが、しかし、「俺のマサキリ」が夫妻を殺さんとしている。つまりフランス革命の如き動乱で皇太子夫妻を何故か殺す大衆としての俺を描いている。そしてさすがに引用はしないが二人の切り落とされた首が「スッテンコロコロカラカラカラ」と転がって人群れに消える描写が続く。

この小説は言うまでもなくカリカチュアとしてあり、ただし、その描写が度を超していたから三島由紀夫にこの深沢の「天皇を殺す小説」と対峙させる、「天皇のために死ぬ小説」としての『憂国』を書かせることになるのはよく知られるところだ。

だが深沢が揶揄して見せたのは、正確に言えば天皇ではなく大衆でありメディアである。それは以下の不適切なくだりでも明らかである。

「もう皇居は、完全に占領してしまった」ということになっていた。そこで私は誰かが呼んでいるのに気がついた。ひょっと向うを見ると「女性自身」という旗を立てた自動車にスシ詰めに人が乗っていて、その人達がみんなこっちを見ているのだった。

「これから皇居へ行って、ミッチーが殺られるのをグラビヤにとるのよ」（前掲書）

人々が高揚し、女性週刊誌が皇太子妃殺害の写真を撮影するために集まっているこの様子がいかなるものへの皮肉かは明らかだろう。

この成婚ブームでテレビの受像器が家庭に普及し、週刊誌というメディアの台頭があった、といわれるが、その状況は今で言うメディアミックスと呼んでも過言ではない。「メディアミックス」という語は戦時下のプロパガンダに関わった人々がテレビ時代の到来に際してちょうどこの頃、提示した造語である。それは従ってメディア統制と対となった思考である。

だから、この時新聞社やラジオなどの報道機関が皇太子妃候補の報道に際して報道協定を結んでいるのは注意していい。

宮内庁の公式発表があるまでは、皇太子妃のことはいっさい書かない。この申し合せの根本精神は、妃の候補者の人権尊重という一点につきる。

（『朝日新聞』一九五八年一一月二九日）

そこには「皇室報道における人権の配慮」という、ぼくが編集者時代、右翼からの抗議で経験した基準が図らずも示されていることが興味深い。マスメディアの報道協定は一般には一九六三年の吉展《よしのぶ》ちゃん誘拐殺人事件の際に始まったと言われるが、実際にはこの皇太子妃報道協定が先行する。若い時に編集していたエロ雑誌に掲載したまんがが右翼団体から抗議を受けたことが実はあり、その時彼らが言った「天皇制に反対するのは言論の自由だからいいが、皇族の人権を侵害している場合は抗議をする」という妙にリベラルな主張に納得した記憶があるが、それはこの時にできた戦後民主主義的皇室タブーだったことになる。

†「感情」の動員

むしろ、このような前例に従って現在にも続く大手メディアの横並びの体制ができたと言えるが、女性週刊誌のスクープによって一挙に解禁されて以降の熱狂は、過熱報道というよりはまさに「メディアミックス」に等しい。

ラジオ、新聞に加え、旧メディアとしてのニュース映画、新しいメディアとしてのテレビや女性週刊誌の「報道」だけでなく、音楽だけでも團伊玖磨《だんいくま》の「祝典行進曲」をはじめ、テレビ局ごとに「祝典序曲」（KRテレビ）、「祝典曲」（日本テレビ）、そして三島由紀夫の作詞による「カンタータ「祝婚歌」」（ＮＨＫ）があり、あるいは宮内庁も式部職楽部が舞踏や管弦を発表する。ラジオ局もラジオ東京が永六輔の作詞で便乗ソングを発表した。いわゆる「ミッチースタイル」と呼ばれるファッションの流行や、彼女が身に付けたヘアバンドが「ミッチーバンド」と呼ばれ流行していたことなどはｗｅｂですぐに確認ができる。

そして成婚パレードはＮＨＫと民放の二つのネットワークの同時放送となる。松下啓一の「大衆天皇制論」が登場するのはこの文脈だが、そこでは天皇制が大衆的共感、つまり「感情」の動員によって支えられるものへと移行し、更に、その関心は「天皇」から「皇太子」に移ったとさえされた。実際に成婚に際してこれは天皇の代替わりの機運ではという論調さえあった。

だが、注意したいのはこういった「御成婚メディアミックス」が、「大衆」がメディアのブロックバスター的報道を一方的に受け止めるのではなく、むしろ彼らの積極的な参加という形をとったことだ。

それはテレビの視聴やパレードの見物に並ぶ、というのとは質が違う。例えば『女性自身』一九五九年二月六日号には、洋裁店勤務の女性が三千円で「ミッチースタイル」の服を仕立てるという記事が掲載されている。ファッションとしてのミッチーブームはいわば正田美智子の「コスプレ」であり、確か『アサヒ芸能』に村山知義《ともよし》のグラフモンタージュで、ホステスが全員「ミッチースタイル」のキャバレーを扱った頁が当時、あったはずだ。そういう「参加」の一つとして大江や三島の「不敬文学」があった、と考えたほうがいい。ぼくは戦時下、国民やつくり手の自発的創作参加が多メディア展開の中に位置付けられている参加型メディアミックスが、大政翼賛会のコントロールで成立したことを指摘したが、このミッチーブームは管理者なき動員のメディアミックスであった。

その中で深沢は、その大衆参加型の極致としての大衆による天皇殺害とそれを待望する女性週刊誌を描いた。つまり大衆天皇制に深沢は最も批判的だったから、参加型皇太子夫妻殺害をカリカチュアとして描いた。無論、心ない表現だが、そういう心なさを少なくとも深沢は敢えて選択している。そこまで表現しなくては届かないほどの熱狂があったということだ。深沢の小説にはだから、よく読むとこういう表現がある。

> そこで私は立っている間にまわりで騒いでいる話を聞いていると、都内に暴動が起っているのではなく、革命の様なことが始っているらしいのだ。
> 「革命ですか、左《サ》慾《ヨク》の人だちの？」
> と隣りの人に聞くと、

「革命じゃないよ、政府を倒して、もっとよい日本を作らなきゃダメだよ」と言うのである。日本という言葉が私は嫌いで、一寸、癪にさわったので、

「いやだよ、ニホンなんて国は」

と言った。

「まあキミ、そう怒るなよ、まあ、仮りに、そう呼ぶだけだよ」

と言って、その人が私の肩をポンと叩いた。

（深沢七郎「風流夢譚」『中央公論』一九六〇年一二月号）

「左翼」ではなく「左慾」と書き、不用意に「もっとよい日本」を口にする者への距離感を隠さない。今の若い世代が生理的に感じるいわゆる「戦後民主主義」への違和に深沢も同じものを感じていたことはうかがえる。ただし、深沢のほうがはるかにラディカルだが。大衆天皇制でもメディアミックス天皇制でもいいのだが、そういうものに覆われた世界を深沢はカリカチュアの描き手の責務として「心なく」描写して見せたのだ。この時期、戦争責任や「戦前」がついて回る昭和天皇を退位させ、皇太子を即位させるという象徴的な王殺しの企みが一方では公然と論じられてもいたのだから、この小説は天皇制をめぐる当時の状況への正確な戯画であることは念を押しておく。

†混合される昭憲皇太后と貞明皇太后

しかし、そう考えた時、一切、大衆たちと「対話」のないまま斬首されていく天皇と皇太子夫妻に対して、異形の形で登場するのが昭憲《しょうけん》皇太后であることが興味深い。

「昭憲皇太后が来た、昭憲皇太后が来た」

とまわりの人が騒ぎたてるので見ると、65歳ぐらいの立派な婆さんである。広い額、大きい顔、毅然とした高い鼻、少ししかないが山脈のような太い皺に練白粉をぬって、パーマの髪も綺麗に手入れがしてあるし、大蛇の様な黒い太い長い首には燦然と輝く真珠の首飾りで、ツーピースのスカートのハジにはやっぱり英国製という商標マークがはっきり見えているのだ。私が変だと思うのは、この昭憲皇太后は明治天皇の妃か、大正天皇の妃かも私は考えないし、そのどちらも死んでいる人だのに、そんなことを変だとも思わないでとにかく昭憲皇太后だと思ってしまったのはどうしたことだろう。

昭憲皇太后が目の前に現われると私はその前へ飛んで行って、いきなり、

「この糞ッタレ婆ァ」

と怒鳴った。そうすると昭憲皇太后の方でも、

「なにをこく、この糞ッ小僧ッ」

と言い返して私を睨みつけるのである。（前掲書）

そのことは以下のくだりでわかる。

昭憲皇太后は明治天皇の皇后である旧名・一条美子《はるこ》のことだが、ここでは同時に大正天皇の皇后である旧名・九条節子《さだこ》、つまり貞明《ていめい》皇太后のイメージが重ねてある。

昭憲皇太后は金切り声で、

「なにをこく、この糞ッ小僧、8月15日を忘れたか、無条件降伏して、いのちをたすけてやったのはみんなわしのうちのヒロヒトのおかげだぞ」

とわめくのだ。（前掲書）

「うちのヒロヒト」と言う以上、彼女は昭和天皇の母、貞明皇太后でもあるわけだが、このべらんめえ口調の「皇太后」は以下のように「私」とやり合う、つまり、「対話」するのである。

ここで私は昭憲皇太后に、

（待て〳〵、こんな婆ァを、いじめては）

と急に弱気になってしまったのだった。それで私は、

「おい、ちゃんと、おとなしく、よく話をしようじゃァねえか」

そう言って私は土の上へアグラをかいて坐った。そうすると昭憲皇太后もノソノソと起き上って、土の上へ坐り込んだ。　（前掲書）

無論、それは少しも生産的な「対話」でなく、ただ「私」と罵倒し合うだけではあるが、少なくとも向かい合い、ことばを交すのだ。

こういった「皇太后」がメディア化した戦後天皇制の背後から奇妙にパワフルに現われる、そのニュアンスは原武史『**皇后考**』を読むと実はわかる。

原は敗戦後、貞明皇太后が天皇退位と引き換えに摂政の地位につく案があったとする。また戦時下、昭和天皇やその周辺が貞明皇太后に逐一おうかがいを立てる様や、そのイメージを以てアジア太平洋戦争を「神功皇后の三韓征伐」と重ね合わせる動きがあったことを示唆している。その貞明皇太后は、敗戦の年、空襲が激化しても尚、宮中に留まったともいう。このような皇太后の権威は、単に戦時プロパガンダのもたらしたものや昭和天皇

個人の母への息子としての恐れとは別に、以下のような背景があると原は言う。

丸山眞男が「政事の構造」(『丸山眞男集』第十二巻、岩波書店、一九九六年所収)で明らかにしたように、天皇は究極の主体たりえなかった。丸山によれば、日本の政治には「臣民」が上級者である天皇に奉仕するように、天皇もまたより上級者であるアマテラスに奉仕するという構造が「執拗低音」としてある。

さらに昭和初期には、アマテラスと天皇の中間に、折口信夫が前掲「女帝考」で明らかにしたようなナカツスメラミコトとしての神功皇后に傾倒し、自らもナカツスメラミコトたらんとした皇太后がいた。つまり皇太后は、天皇にとってただの母親ではなく、アマテラスにより近い上級者に当たっていたのだ。

皇太后節子は、万世一系のイデオロギーを原理的に否定していた。天皇裕仁とどれだけ敵対的になっても妥協しなかったのは、まさにこのためである。いやそれどころか、自分自身こそ神功皇后と一体になり、「皇后霊」を受け継いだとすら考えていた。

(原武史『皇后考』二〇一八年、講談社)

つまり、原を踏まえ、深沢が昭憲・貞明二人の皇太后を混合したのは、二人の権威を同質のものと感じていて、それは彼女らが神功皇后に始まる「皇后霊」を内在していたと感じていたからだ、と考えると理屈は通る。無論、深沢が丸山や折口を踏まえているというより、深沢の描く皇太后が大本教の出口ナオにも似て土俗的であることを考えれば、そういうフォークロア的な古層を感覚的に捉える才は「**楢山節考**」（一九五六年）の作者であれば当然、あるはずだ。

同時にそれは「皇太后」への大衆的イメージの反映ではあろう。

だから、この皇太后があたかも敗戦をとり仕切っていたかの如き深沢の書き方は、昭和天皇が敗戦の決断にあたって皇太后の存在をひどく気にしていたという原の指摘を踏まえると興味深い。

3　女帝としての皇后

†折口信夫「女帝考」

さて、このまま折口信夫の「**女帝考**」（一九四六年）に立ち入ったほうが実は「美智子さん」に選ばれなかった男たちの問題へとアクロバティックだが着地しやすいだろう。言うまでもなくこれは戦後、つまり天皇の人間宣言後に書かれたものである。とりようによっては昭和天皇が退位して天皇が不在となってもその権威は継続するという折口なりの「戦略」のようにもとれる論考だ。

折口の「女帝考」の特徴は、「女帝」を女性天皇ではなく「貴種」の発見者とする点にある。

その説明に用いるのが飯豊王《いいとよのみこ》である。

雄略天皇の死を受けて、その子・清寧天皇が即位したが、彼には皇后も皇子もおらず、その死後、皇位を継承する者がいなかった。その時、後継ぎを決める段になって「日継治らさむ王」、つまり次の天皇は誰かを「飯豊王」に問うたのだと「古事記」の記述を折口は解釈し主張する。これは従来の読み方と違う。それまでの読みでは誰に問うたか不明だったが、折口は問われ、答えたのは飯豊王だとした。

飯豊王は、履中天皇の娘であり、兄が雄略天皇に殺されていた。「女王」「尊」の称号が使われていることから即位説もあり、最初の女帝と見なす説もある。しかし折口にとって重要なのは、彼女の即位の有無ではない。

其から、ほゞこの姨尊の啓示によつて、二王子の日継知すべきことが告げられたので

あらう。さうして、其所在が發見せられることになる。其で、姨尊が歡ばれると言ふのである。でなくては、「日繼知らす王を問ふ」と言ふ文が、唯あてもなく、皇統譜の上の諸王を求めると言ふことに聞える。さう言ふめくら探しを行ふ筈はない。系譜上最正しく近く、且尊位に備るべき先天的聖格の想像出來る方でなくてはならぬ。而も、之を告知するのは、宮廷高巫・女帝などの特異なる天受によるものであつたらしい。
（折口信夫「女帝考」、折口博士記念古代研究所編『折口信夫全集　第廿巻』一九七六年、中央公論社）

つまり、次の天皇は誰かと問われると飯豊王は兄・市辺忍歯別王《いちのべのおしはわけのみこ》が雄略天皇に殺害された後、姿を隠していたその子、つまり皇位継承者である袁祁《をけ》、意祁《おけ》の「二王子の同継」の発見を予見した、というのである。それはいわば天意であり、そこから折口は「女帝」を男系天皇が不在の時の「中継ぎ」役ではなく、天と交信する、つまり神と天皇を仲介するシャーマンであり、「神の嫁」であると見なす。

天皇の死後、皇后が夫である天皇を亡くしても、この神との仲介者としての「中皇《なかつすめら》命《みこと》」の役割を果たしている限りにおいては天皇は不在でも構わず、折口はそこに「女帝」の根拠を見出すのだ。

天皇の「嫁」としての「皇后」は、同時に「神の嫁」であり、歴代の女帝、そして昭和天皇にとっての貞明皇太后の存在感の背景にはこのようなイメージが横たわっているというのが原武史の主張である。折口が昭和天皇の退位という不測の事態に備え、「女帝考」を書いたのではないか、というのはそういう意味である。

折口の文学的直感は、柳田をして中途の論拠を飛ばして正しい答えに至る才覚として彼を苛立たせもしたが、なるほど、たかだか戦後ジャーナリズムが大衆を動員しての天皇殺しぐらいでは微塵《みじん》も揺らがぬ「女帝」を深沢は描いていたことになる。つまり、折口のロマン主義的な「女帝」を深沢のイマジネーションは確実に呼び出してはいるのである。

こう読むと最も不敬なはずの深沢の小説が、最も天皇制の肝の部分を語っているという言い方も可能だ。

†いかにして女帝になるか

さて、折口の「女帝論」の基調には言うまでもなく「神の嫁」という彼の学問における中核的なイメージがある。それは既に見たシャーマニックな才覚、「尊位に備るべき先天的聖格」であるが、その能力を発動させるのに必要なのは「性」であるとする。

折口は飯豊王が、夫はいなかったにも拘わらず、「於角刺宮與夫初交」したという一節を引き、これを「祭祀上の結婚」とした。

それよりずっと前、「**国文学の発生**（第二稿）」においては、冒頭の「神の嫁」の章で神功皇后は「高級巫女」であるが故に「国々の主権者」である者の一人だとしていた。

そしてこう記す。


村々の高級巫女たちは、獨身を原則とした。其は神の嫁として、進められたものであつたからだ。神祭りの際、群衆の男女が、恍惚の状態になつて、雜婚に陥る根本の考へは、一人々々の男を通じて、神が出現してゐるのである。

（折口信夫「國文學の發生（第二稿）」、折口博士記念古代研究所編『折口信夫全集　第一巻』一九七五年、中央公論社）


つまり男との性交が彼女を通じてその男に神を出現させる、というのである。

ここまで来ると大江の「セヴンティーン」における「美智子さん」に選ばれなかった焦燥と秘められた劣情の意味の折口的な文脈が見えてくる。つまり、大江は「おれ」を「神の嫁」によって選ばれ得なかった少年として描いていることになる。

「おれ」が一体化を望む「純粋天皇」は折口的に言えば「神の嫁」たる皇太子妃との「與

夫初交」によって交信可能な概念となる。それは折口的に「天皇霊」と記してもいいのだろうが、大江やこの語を採用した三島はもう少し抽象的なものを見ている気がするので「概念」と記す。

†三島の「純粋天皇」と健全な空虚

三島や大江が折口の女帝論を読んでいたかは定かではない。しかし少なくとも三島は折口をモデルにした小説「**三熊野詣**」(一九六五年)を書いてはいる。弟子を引き連れ学内を葬式の如く歩く姿がそこには描かれていたはずだ。

三島は「民俗学」について、この学問は「芸術の原質」としての「不気味な不健全なもの」をわざわざ人の病んでいる領域まで降下させようとするものだと批判する。そういう「原質」は芸術家によって作品化されることで「癒されている」のだ、とした(三島由紀夫『**日本文学小史**』一九七二年、講談社)。柳田に比して折口はその病の水位、つまり自意識がユング的な原型あたりが混沌としている状態に立ち戻る才覚がある。三島が批判したのは柳田ではなく折口の民俗学だろう。

対して三島の「純粋天皇」、あるいは三島の文学はその病んでいる「原質」が「健全」化したものだと言える。しかし大江の小説はその「不気味な不健全なもの」へと「おれ」

を強引に降下させようとしている。

その時、大江の不健全さより、三島の「健全さ」がぼくには気になる。三島の中に「美智子さん」に選ばれなかった屈託がわずかにでもあり、自ら戯画化したとすれば、三島の「純粋天皇」は「神の嫁」に自分が選ばれなかったと考える、原型質的な不健全さの払拭としてあるのだろう。「女帝」の原質を探り当てた深沢を含め、そういったフォークロア的、ロマン主義的な原質天皇（つまり文化や人の病の澱《よど》みとしての）から解放されるべく、三島がフォークロアを召喚した深沢の不敬文学に機械的な美を以て対峙したのが「憂国」だ、ということになる。

「機械」的というのはこの「憂国」という小説において自死の儀式のその様式と様式性の恍惚を描きながら、一体それでは彼が何に殉じたのかが実は描かれていないからだ。二・二六の決起に置いていかれて、それを追う死であるが、描かれるのは儀式の様式の、いわばフォルマリズム的な美だ。

妻の美しい目に自分の死の刻々を看取られるのは、香りの高い微風に吹かれながら死に就くようなものである。そこでは何かが宥されている。何かわからないが、余人の知らぬ境地で、ほかの誰にも許されない境地がゆるされている。中尉は目の前の花嫁のような白無垢の美しい妻の姿に、自分が愛しそれに身を捧げてきた皇室や国家や軍旗や、それらすべての花やいだ幻を見るような気がした。それらは目の前の妻と等しく、どこからでも、どんな遠くからでも、たえず清らかな目を放って、自分を見詰めていてくれる存在だった。

（三島由紀夫「憂国」『花ざかりの森・憂国—自選短編集—』一九六八年、新潮社）

「神の嫁」としての妻の向こうに主人公は「皇室や国家や軍旗」を感じているが、しかし、小説を通じて彼女の身体のフォルムの美は描かれてもそれが召喚するものはこのくだりにしか描かれない。しかも、ただ「名詞」として羅列され、皇室や国家や国旗の超越性もましてその美（が、あるとして）は一行たりとも描かれない。ただ「妻」によってのみそれらは表象される。

だから、三島の言う健全化とは、つまり、天皇や国家というものの徹底した抽象化による消去ととれる。大江は敢えて病んで見せ、三島は敢えて健全な空虚たらんとしたが、その意味では「憂国」は「セヴンティーン」とこそポジとネガの関係にある。

しかし、そういう劣情や消去ではなく、「美智子さん」を主体的に選ばない、という主体的な選択を三島は描けなかった。

†大江が書いた美智子さんの写真との決別

その時、注意していいのが、大江の短篇「**幸福な若いギリアク人**」である。大江が「**セヴンティーン**」を発表するのは一九六一年の『文學界』一月号においてである。そして同誌の翌二月号に「**政治少年死す**（「**セヴンティーン**」**第二部**）」を発表、小説中の描写が予見したような右翼団体からの脅迫で版元は三月号に謝罪広告を出す。しかし、実は『小説中央公論』一九六一年一月号に「幸福な若いギリアク人」を書いている。

これはほとんど注目されてこなかったが、「美智子さん」を選ばなかった青年の物語である。

そういう視点からこの小説を読んでみる。主人公の青年は押し入れに皇太子妃の写真を貼る青年として描かれる。ただし、正確に言えば貼ったのは青年ではなく母である。

かれらの家は流しの脇の狭い三角形の靴ぬぎとそれに続く四畳のストーヴをおいた板の間、そして間の仕切りなしに六畳の畳の間がつづいているだけだ、押入れは六畳を蚕食して突出している簡単な板囲いでその隅に父親の写真と皇太子妃の写真を母親が掛けていた。（大江健三郎「幸福な若いギリアク人」『大江健三郎全小説3』二〇一八年、講談社）

「投石少年」としての「おれ」と「青年」の違いは、皇太子妃の隣に「父」の写真があることだ。そのことで「写真」の意味合いが異なる。

押し入れの奥にある以上、青年もまた「神の嫁」としての「美智子さん」を求めている。ただし母が「美智子さん」の写真を掲げていたのだから、母が息子をそう運命付けようとしていると言ったほうが正確だ。隣には彼の死んだ父の写真がある。「父」と「美智子さん」を並べることで母が息子に期待した血統、つまり「日本」としてのそれが示されているのは言うまでもない。しかし両者が並んでいるという構図から「美智子さん」は「父」の「妻」であり、「父」が死んでいる以上、あたかも「美智子さん」は次の貴種を決めるシャーマンとしてある、とこじつけてみる。その意味で青年は「選ばれること」を欲していた（少なくとも母はそう期待していた）一人としてまず、ある。

だが、この青年はその風貌から「インディアン」と呼ばれていた。今はこの語の使用についてポリティカルコレクト的な留保が必要になるのだろうが、突然、彼はまた別の名で呼ばれる。

「おまえ、よお、おまえ」と背後から怯ずおずした声でよびかけてくる。

インディアンはふりかえり、すぐ傍に、見つめる男を発見した。

「お？　おれか」とかれは緊張していった。

「おまえよお、おまえ、日本人か？」と男は丸い眼鏡の奥の皺だらけの厚い瞼のあいだから細く鋭いが、どんよりと脂色に沈んでいる眼で見つめながらいった。

（中略）

「日本人でねえだろが、よお、おまえ、おまえ朝鮮人でもねえだろ？　なあ」

「おれがアメリカ人かよ」と青年は吃りながらやっと応酬した。

「おまえは、ギリアク人だ」と男は断定的な、そして妙にさしせまった声で、いわば予言者がそのような口調をとるかとも思われるような声でいった。

（前掲書）


「ギリアク人」、つまり、かつて「日本」であったサハリンなどに居住していた先住民族の一つである。ニヴフと現在は彼ら自身の呼び名で呼称される。そういう名で青年は呼ばれるのだ。

青年は、父は軍の関係者だと知らされていた。しかし「ギリアク人」と呼ばれたことでその真偽を母に問う。

母親はふりかえって息子と顔を見あわせるのを惧れているようなのだ。息子はいま自分の顔を見られたくなかったのでそれは母親とおなじ気持だった。ただ、かれは母親を、他人を見るように見つめていた。背、腰、足、板間に敷いたゴザの上にちゃんとそろえられている二つの大きな足、とくに踝が頑丈で大きかった。かれはその踝を奇怪な獣の踝のように見た。首筋、頭、かれは母親の向うむきの頭をぐるぐるその周りを見つめながら歩いているようにあきらかに思いえがいた。

眼、その濃く黒いまつげのかげの鋭く黒い眼、高く筋のとおった細い鼻、脣、それは肉厚で大きい、顎もまた踵とおなじように頑丈だ、そして皮膚の黒さ《ああ、これはおれ自身の顔とかわらない、おれ自身が、母と同じギリアク人というわけだからあたりまえか、それにしてもギリアク人とはなんだろう》

「ギリアク人というのはなんだ？」

（前掲書）

ここで、青年と母は互いに顔を見合わせられないことには注意しなくてはいけない。それは「ギリアク人」の一言が、青年と母をそれぞれ別のもの、つまり「日本人」でないものへと変えたからである。だから同時にその顔の細部を明晰に描く。

もちろん民族の差違は、他者性ではない。その二つの差異を若い大江はうまく描き得てはいない。

しかし微妙な言い方になるが、大江は単純な「美」としてでなく、しかし否定的でなくその「顔」を描こうとしている。いわば大江は、青年と母の互いの顔を「異化」したいのだが、それが成功していない。だがその未熟さを今、批判しても意味はない。

大江の意図を汲もう。

そして青年は母からギリアク人のシャーマンの老人に会いに行く。

シャーマンは若い女でなく、男の老人だ。

そこで、「青年」はこう告げられる。


「おまえ、それで何歳ぞ？」

「二十歳」

「じゃ、おまえギリアク人の晴れ男ぞ」と老人はかれに片方の眼でほほえみかけていった。「おまえはギリアク人でいちばん運の良い男ぞ、わしがシャーマンになって初めての晴れ男ぞ」

インディアンとよばれる青年はびくっと躰を震わせた。

「二十歳までなあ、自分のことをギリアクだと知らずに育った男を、晴れ男というんぞ、そいつは運が良い、凄い好運の星まわりよ、ギリアクの者はみな、そういうぞ」

（前掲書）

つまりシャーマンとしての「神の嫁」が貴種を発見するように、シャーマンの老人から青年は「晴れ男」であることを発見される。「晴れ男」が実のところ何であるのかは作中では一切、説明されない。それはやはりこの小説の弱いところである。「セヴンティーン」において「右」と群衆から後ろ指さされた「おれ」が右翼になったように「青年」はシャーマンに指さされて「ギリアク人」の晴れ男になった。

しかし、それが可能であったのは、そもそも青年はシャーマンに会いに行く前に「美智子さん」の写真と決別しているからだ。

これが大江自身の「不敬文学」を含め、同時代の文学及び人々の欲望の中でいかに重要な選択であったか。

おれの心に巣くっていたみたいなもんだ、と青年は考えた。《そうだ、他人だ、日本人だ。なぜならいまのおれは、ギリアク人だからだ》青年は住みなれた狭い住居を見まわし、いまさっきまでここには他人が住んでいたんだ、と感じた。それからかれは立ちあがり、押入れの隅から皇太子妃のカラー写真をはずすと、燃えていないストーヴの焚き口に押し込んだ。不意に涙が流れた。（前掲書）

ここで涙が流れたということはやはり選ばれなかった悲しみではあるはずだ。しかし、同時に自ら彼女と決別している。青年はそうやって、いわば天皇制にまとわりつく文化装置から「降りた」のである。

青年を「ギリアク人」と呼んだ男は、青年に磯舟で自分を「ギリアク人」の故郷たるサハリンへ運んでくれと言う。「ギリアク人」なら海を渡れるはずだと迫るのである。あたかも青年の「ギリアク人」としての、貴種流離者の帰還に同行させよ、と言わんばかりの神話的依頼と言える。

青年は受諾し、そして二人は出発する。しかし、青年は舟の操作を誤り、海に落ちる。

海にもぐりこんだ頭をやっとの思いで表に出すと、赤旗を檣にした磯舟はすでに二十米も向うを静かにケラムイ岬にむかって流れていた。若い退職者は舟のなかに行儀よく坐ってこちらを眺めていたが艫でふらふら揺れている櫓を握るつもりはない様子だった。そして舟は見るまにケラムイ岬をさして青年から離れた。（前掲書）

青年を脅迫していた男は舟ごとギリアクの土地へと流れていき、青年は家に戻る。この出奔の失敗は重要だ。青年の身替わりに男が流離される。ここでは大江は「神の嫁」も「貴種流離譚」もすかして見せることには成功する。

だから大江は小説をこう閉じることができる。


　労働組合はできあがり工場主はそれを認めた。札幌からきたオルグが、日本じゅうの労働者との結びつきを説くたびに、小さな虫のような奇妙なむずがゆいものが喉をすべりおりる、しかしオルグは世界じゅうの労働者が仲間だともいうので、ギリアク人の晴れ男は結局なにひとつ気にやむことはないのだ。

　今日も青年はオートバイにまたがったまま夕暮の輝きにみちた海を見つめて考える、《おれは好運の星をいただいた晴れ男だ、二十五になったら向うへ行って嫁をつれてこよう、ギリアク人の娘だ》かれにとって今ほど、世界がこのましい場所に思えることはなかった。（前掲書）

彼は、死なずに「ギリアクの嫁」をもらうと決意するのである。無論、これは反転したナショナリズムだという批判は可能である。

しかし何よりも彼の世界はサハリンのみならず「世界」に繋がっている。大江は「純粋天皇」とは違うそういう「セカイ」の別のあり方をひとまず提示はし得ている。

正直に言えばこの小説は小説としては決して良い出来ではない。しかし、神の花嫁に選ばれなかった者が尚、貴種の運命に従って自死する「セヴンティーン」「政治少年死す」を健全に「反転」させている。天皇制にまつわる文学装置を断念する、少なくとも留保はしている。大江はこの後も『**空の怪物アグイー**』と『**個人的な体験**』（ともに一九六四年、新潮社）など、最初に書いた小説の構造的な書き換えを行っていく。そして常に書き直されたものは当初に比して倫理的・政治的に正しく、小説としてはつまらない。しかし、それは別の問題だ。本書は小説の文学的価値に少しの関心もない。

4 隠滅された皇太子妃の戦後史的可能性

†小山いと子「美智子さま」の忘却

さて、これまで男たちの不敬文学が「美智子さん」への回帰願望を免れ得ない様を見てきた。彼女を見ようが見まいがそこに過剰に男たちは「象徴」を仮託し、隠蔽したり消去したり断念しようとした。

しかし、それでは「女」の書いた不敬文学はどうだろう。

三島や石原や大江や深沢らと並んで同時期に描かれ、しかもその内容が問題視され連載中止に追い込まれた小山いと子の「美智子さま」は、例外的な女性の側からの「不敬文学」である。

既に言及したように、そこでは「初夜」シーンさえ描かれている。そう記すと小説全体がひどくスキャンダラスな印象だが、これは実際に読んでみるとひどくまともな、一人の近代の女性の成長物語なのである。

大江や深沢の不敬文学が平成の終わりに近づく中で、さしたる軋轢《あつれき》も議論も起こさぬまま刊行されたのに対して、この小説のみは作者ごと（小山は直木賞作家だった）忘却されたままである。それは「美智子さん」に劣情し、選ばれなかった男たちの巧妙な「美智子さん」隠しとは違う。では、小説とともに何が隠されたのか。

この小説の忘却は、大袈裟に言えば皇太子妃の戦後史的可能性を奪うものであったようにさえ思う。

そのことをこの章の最後に考える。小山いと子は一九三三年に作家デビュー、戦前は純文学、戦後は大衆小説の書き手として活動し、女性としては二人目の直木賞を受賞している。選評では「純文学と大衆文学との間を縫う人間」（木々高太郎）と評される一方、「読者の大衆がついて来るかどうかは知らない」（大佛次郎）と辛辣な評価もされた。著作のいくつかは映画化もされているが、大衆的支持を得たのは香淳皇后を扱った『**皇后さま**』（一九五六年、主婦の友社）であり、それを受ける形で、ミッチーブームの便乗メディアミックスとして女性向け月刊誌『平凡』一九六一年一月号から「美智子さま」を連載、中途で「総集編」も刊行されるなど読者の支持は充分あったとうかがえる。

しかし、一九六三年三月に至って、宮内庁から連載中止の要請があり、その主たる理由が「私生活に対する侵害」、つまり「人権」であったとされる。正確には、①興味本位で私生活に対する侵害と思われる、②事実と小説の関係が曖昧で、国民の誤解を招く、③事実に相違することも部分的にある、であった。（「小説「美智子さま」騒動の背後」『月刊社会党』一九六三年六月号）

結果、小説は連載中止に追い込まれる。連載は一九六三年五月号まで、浩宮《ひろのみや》誕生で終わる。

その最終回に小山は「連載を終わって…」という短い文章の中で「伊勢神宮御奉告の項で、祭主の描写及び御潔斎方法などに調査がゆきとどかず、関係者にご迷惑をおかけした」旨の「お詫び」をし、欄外にも編集部の「伊勢神宮奉告の項で、事実と相違する個所」があったことへの「お詫び」が記されている。

これは先の③の部分的に事実に相違するという批判への謝罪で、つまり「人権侵害」については版元も著者も認めていないのは重要である。何故なら、この小説はむしろ皇太子妃の人権擁護小説だからである。

向かい合った皇太子夫妻

つまり連載中止の理由は後世喧伝されている「初夜」の場面とは異なる。そのくだりをなまじほのめかすと臆測や妄想が広がりかねないので、俗情に応えた二〇〇九年の『週刊新潮』の記事から孫引きしておく。

> 「美智ちゃん」と皇太子は呼ばれた。（中略）「はい、東宮さま」東洋的な一重瞼の美智子の目。二人の目がまっすぐ射るように向かい合ったとき、同時に双方の胸に浮かんだのは、「ああ、長い年月であった！」という感慨であった。
> （「直木賞作家」が小説に描写した「美智子さまの初夜」」『週刊新潮』二〇〇九年四月二日号）

この程度である。（中略）の部分も妄想すべき描写はない。同時代にあっても描写としては他愛ないが、こういう秘め事を「想像」されるのは当事者としてあまり気持ちのいいものではないだろう。

しかし、ぼくがこのくだりを引用するのは美智子の目と対峙する皇太子が描写されるからである。この相手を見据えるはっきりとしたまなざしを小山が描いているのは、無論、これがラブロマンスであること以上の意味を持たぬという言い方が妥当なのかもしれない。この小説が大江や深沢の「不敬文学」と違ってせいぜいポルノグラフィー的関心しか呼ばないのは、その文学的評価の低さ故だろう。渡部直己の**『不敬文学論序説』**（一九九九年、太田出版）でも、その存在への言及はあるが論じる対象と見なしてはいない。

しかし、ぼくはこの「目」のくだりは案外とこの小説の主題を表現していると思う。何故なら、柳田國男が「近代」という時代は女たちが目を凜と見開いた時代だと語っているからだ。柳田は「近世」の前の女性画の女たちの目が「線」で書かれているのに対して近代の女たちは目を見開いていることに感慨を持つ。

古来の風俗画を見て社会生活の一端を窺《うかが》おうとする人が、常に不思議に思っていることが一つある。絵巻物の美人は、いつでも一本の線で切れ長の眼を描かれている。降《くだ》って浮世又平時代の精細な写生においても、艶麗《えんれい》なる人は必ず細い眼をしてある一方を見つめていた。それがいつの代からの変遷であったか、「女の目には鈴を張れ」などと、大きな円味《まるみ》のある眼をもって美女の相好《そうごう》の一とするに至った。いかに時世の好尚が選択するからとても、一つの民族の間にこれまでの面貌《めんぼう》の差異を生ずるはずがない。必ずや人間の技術ないしは意図をもって、天然の遺伝を抑制した結果だと思う。自分の家にも多くある女の児の中に、兄が自動車さんなどと綽名《あだな》を与えた、目の大きなのが一人ある。これについて実験をしてみると、結局は大きくも小さくもできる目を、頻々《ひんぴん》と大きく見開いているのであったことが判《わか》った。本来の形状は何とあろうとも、力《つと》めてこれを円くする機会を避け、始終伏目がちに、額とすれすれに物を見るようにしている風が流行すれば、誰しも百人一首の女歌人のごとく、今にも倒れそうな恰好を保たしめて、その目を糸に画かねばならなかったのである。それが時あって顔を昂《あ》げ、まともに人を見るような態度を是認するに至って、力ある表情が始めて解放せられたので、多分は公衆に立ちまじり、歌舞などに携わった者の趣味が、ただの家庭にも伝播《でんぱ》したのであろう。

（柳田國男「妹の力」『柳田國男全集11』一九九〇年、筑摩書房）

実際に近世以前の女性たちが目を見開かなかったかはともかく、ミッチーブームの中で

図3 少女時代の美智子を描いた挿画
（『平凡』1961年1月号）

正田美智子の写真の目は自然に開かれている。

例えば小山の小説第一話の挿画では、少女時代の美智子が描かれているが（図3）、読者側に向けられた強い視線が印象的である。「絵」であるが故にそれが却って、彼女への大衆たちのパブリックイメージだとわかる。

しかし今、皇后美智子の顔を思い出すと、その目は微笑というべきなのだろうか、常にうっすらと閉じられた「線」としてある。これは文仁親王妃紀子《きこ》の目も同様で、元々切れ長の目ではあるにしても今の彼女の目はやはり柳田の言う「近代以前」の女たちの目を連想させる。あまり女性の目について論じるのも気がひけるが、皇太子妃雅子の中途半端に閉じている印象の目も気になる。

彼女たちの「目」が細く、半円を描くような線へと近付いていくことは「近代以前」の何ものかの抑圧の証だという見立ては、「見開いた目」が近代の象徴だ、と言う柳田を踏まえれば可能ではある。

そして少なくとも、小山いと子の不敬文学は近代の女性としての美智子と「伝統」との軋轢を描く成長小説なのである。

実際、小山は美智子の両親の感慨の形を借りて彼女をこう「定義」している。

幸か不幸か、彼女は、あきらめに慣れ伝統や慣例の前には唯々として泣寝入りする皇族の姫君ではない。結婚も最後は彼女の自由意志によって決定したように、自分の意志を持つ近代女性である。彼女のことだから、辛抱出来るだけは辛抱をし、熟慮の末に決めたならば、敢然としてその途をゆくにちがいない。国内が住みにくければ、どこへ行っても立派に独立してやってゆける女性である。

（小山いと子「美智子さま」『平凡』一九六三年三月）

つまり小山は美智子を皇室を離脱して自立し得ることとさえ選択する、自分の意志のある「近代」女性だと書くのだ。小山が、宮内庁の②の事実と小説の境界が混合されているという批判をかわしたのは、それが事実か否かではなく彼女が大衆的な描き手として描かねばならなかったのはこのような女性像であるからではないのか。それは、男たちが「美智子さん」に象徴させたものとは全く異なることがわかる。

†皇室の旧体制と戦うプリンセスの物語

このような美智子像は、ブームにあやかった女性向け月刊誌の小説であるが故に却って驚かされるが、当然だとも言える。それが大衆としての女性たちの心性の反映でもあるからだ。

だから小山は幼少期の美智子をこう描く。

> だが、その美智子にもひとつ苦手があった。一人ひどく腕白な男の子がいて、たれかれとなく喧嘩してなぐった。美智子もしばしばポカリとやられる。ワアワアと派手に泣く。彼はよく先生に叱られて立たされていた。すると、この勝気の女の子はいま泣かされたことも忘れてなぐさめにゆき、もう一度ポカリとなぐられて目を白黒させながら、首をかしげる。
>
> （小山いと子「美智子さま」『平凡』一九六一年一月）

男勝り、というありふれた属性かもしれないが、これも男女平等を宣言した戦後憲法下でなされたことは踏まえておくべきだ。だから声高に語ってはいないが、小山の小説が興味深いのは以下の如き「ジェンダー論的正しさ」である。

宮内庁から抗議を受けた月に発行された回では、生まれてくる子供の性別にこういうやりとりをする皇太子夫婦が描かれている。


「殿下もそうお思いあそばす？」

「美智子は？」

「私？　私もやっぱり、はじめはほら、そう申し上げていましたでしょ。でも、今は少しちがいますのよ」

「どう？」

「あの、みなさんがあんまり男の子を、親王さまを、とおっしゃいますでしょ。もし女の子だったら、その子がかわいそうですわ。ですから、せめて私一人は男の子ばかりを期待するのは止めにしよう、と思っていましたの」


（小山いと子「美智子さま」『平凡』一九六三年三月）

世継ぎを望む周囲や恐らくは「国民」の期待に、美智子だけが「私一人は男の子ばかりを期待するのは止めにしよう」と密かに考えている。そして皇太子も同じ考えである。そう描かれる。浩宮が「人格否定発言」で彼の妻の人権をジェンダー論的に護ろうとする姿が重なりもする。

無論、皇太子妃が現実にそう言ったかは定かではない。しかし、小山はそう言わせているのである。

すると公式の「お詫び」の対象となった伊勢のくだりの何が問題であったか、ようやく、はっきりとしてくる。

問題とされたのは恐らく、一九六二年一二月号に描かれる皇太子夫妻が伊勢神宮を参拝する場面である。そこでの「潔斎」の描写も実はｗｅｂなどでは好奇の対象となっているが、むしろ注意すべきはこの回における美智子と旧制度の対決シーンである。

伊勢で彼女を待っていたのは祭主である北白川房子であった。明治天皇の第七皇女であり、昭和天皇の叔母となる。一九四七年、女性で初の神宮祭主となる。ちなみに祭主は現在（平成三一年一月現在）の時点では黒田清子、つまり「サーヤ」であるから印象は随分と異なる。

小山は房子の孫娘が皇太子妃の候補であったことにも触れ、そこに「複雑な感情」があると描写する。そして皇太子が房子に気さくに挨拶した後に小山はこう描写する。

そのすぐ後につづいて、美智子さまはお下りになった。祭主に向かい、ていねいな会釈をなさって顔をあげると、老婦人の刺すような視線にぶつかった。

　美智子さまの心臓は凍った。鋭い刃物で、胸の奥を刺し貫かれたようだった。とたんに、全身の血は止まり、足がふるえ、思わず二、三歩、たたらを踏んで後へお退りになった。それまで祭主であるこの老女の孫娘と自分との関連なぞ、すっかり忘れておられたのであるが、敵意と侮蔑を含んだ絶望的な冷たい顔は、いやでもそのことを思い出させた。美智子さまは、もう少しでその場に崩れてしまうところであった。恋の勝利者というには、厚い壁の中ではあまりにも無力な存在である。

（小山いと子「美智子さま」『平凡』一九六二年十二月）


房子を「老女」と形容し、その「敵意と侮蔑」を含む「視線」と美智子は対峙したのである。この小説が既に示唆したように、単なるシンデレラストーリーではないのは「近代的な女性」としての美智子と伝統との戦いが主題だからだ。だからここは不謹慎な言い方をすれば、物語構造上のジョセフ・キャンベルが言うところの「最も危険な場所」、つまりボスキャラの潜む場所に主人公が足を踏み入れ対決するくだりとなる。そのために房子にこのようなキャラクター造形を与えたことは事実に反するというよりは、これも「人権」上の問題がないとは言えない。だが、この小説の主題を示す対立の構図がこのくだりで鮮明となるのだ。この後、美智子はこの「老女」の視線を伊勢神宮にいる間、ずっと感じ続ける、という描写となっている。

もちろん、こういった挿話は古典的少女小説や少女まんが定番の「意地悪な年長者のいじめ」パターンの変奏ではある。しかしそれは「女子」教養小説の言うなれば形式性を皇太子妃の物語に持ち込んだ証拠でもある。

だとすればやはり問題となったのは、喧伝される「初夜シーン」ではなく、皇室の旧体制と戦うプリンセスというテーマそれ自体にあり、それが房子のキャラクター造形に収斂して、結果、事実と一部相違するものとして抗議の対象となった、と言うべきだろう。

†投石少年が美智子に期待した近代女性の姿

そうした時、改めて石原がつい書き残した投石少年の期待として、美智子が皇太子を説得してくれるはずだという発言の背後に、彼が小山と同じく意志を持った近代女性としての美智子を感じていたことがわかる。それが「他者としての皇太子」とともに投石少年が見出した戦後の皇太子妃像だった。

彼はつまり「可能性としての天皇制」をひどくまとともに皇太子夫妻に期待していたことがわかる。

しかし「美智子さん」に劣情し、あるいは選ばれなかったことに屈託を抱く文学者としての男たちは、「近代女性」としての「美智子さん」を隠蔽した、と言える。

だからこそ、不本意にも連載の中断を余儀なくされた小山は、その最終回で世継ぎの男子を産む物語の結末が彼女の勝利ではないと言いた気に、最後の挿話をこう記す。

「よろしゅうございます。もう一度だけ頼んでまいりましょう」

「そうですか。ではそうしてね。私はとにかく、東宮さまや浩宮ちゃまのおためにも、病みあがりみたいな風ではおはずかしくて……」

女官は小走りに出て行った。

どんな強引な交渉をしたのか、それともさすがに、先方が根負けしたのか、しぶしぶながら願いはやっと受けつけられ、美容師が駆けつけて来た。

美智子さまは専門家の手によってたちまちのうちにお髪《くし》あげ、お化粧、着付をすまされた。

（小山いと子「美智子さま」『平凡』一九六三年五月）

出産を終え、退院する際、身だしなみを調《ととの》えたいから美容師を呼びたいと言うと却下され、数度の交渉の末、やっと呼ばれるのだ。どうでもいい挿話に思えるかもしれないが、実は「美智子さま」においてこの「美容師」を呼ぶ、呼ばないという問答は彼女と旧制度の対立のわかりやすい象徴、「美智子さまいじめ」としてここに至るまで繰り返し描かれてきているのである。その小さな、しかし象徴的な戦いに美智子は最後は勝つ。そして、美容師によって調えられた姿で世界に立つのである。

それは小山なりの「抵抗」であったといえる。

†妻にしか根ざせない戦後保守

そう考えた時、改めて江藤淳の「変節」が問題となる。

江藤は殴ることで結果論的に他者としての妻を露呈させた。

しかし、そもそも江藤にとって「妻」と「母」が最後まで分化し得ていないことは検証する必要さえないのだが、江藤はその「母」を『**一族再会**』(一九七三年)ではこう記したはずだった。

> 結婚式は芝の水交社で行われ、母は角隠しに振袖という伝統的な花嫁姿で、モーニングを着て胸のチョッキの上に細い金鎖をのぞかせた父と並んで記念写真におさまっている。私には厚化粧に塗りつぶされたこのときの母の顔が、奇妙に二重に見えてならない。

それはたしかに従順な花嫁になろうと決意した顔であるが、その決意のすぐ裏側に「自ら燃え自ら光る処の自力体」になろうとしている知的な女子大生の顔が隠されているように見えるからである。事実母はやがて「自ら燃え自ら光り」はじめた。そしてほかならぬそのことによって不幸になって行ったのである。母にとっては日本の現実を引きうけることを意味したこの結婚が、逆に父の家にとっては「近代」の到来を意味したことが不幸のはじまりだったといえるのかも知れない。この「近代」の出現を、父の母、つまり私の祖母は明らかにひとつの挑戦と感じたからである。

(江藤淳『一族再会』一九八八年、講談社)

このような母の可能性としての「近代」を奪ったのは、男たちが近代に再構築した家父長的な伝統である。つまり彼が帰属していくことになる「保守」である。江藤は母の早逝をこの時はそう正しく捉えている。

しかし一方で『**成熟と喪失**』の中では「近代」あるいは「戦後」の人工的な空間の中で母は「自己崩壊」したのだと書く。母が男たちから奪われた近代の可能性については脇に置かれ、だから「妻」を人工的空間の中で庇護する「男」を描いた田中康夫の作品を評価してしまう。江藤は「母を損なわない近代」を夢見ることになり、それを男たちが与え得ると錯誤している。

上野千鶴子は江藤を「フェミニズム」だと形容したことがあったが、それはジェンダー論的なフェミニズムではなく、「父性」を装って「妻」を庇護する質のもので、そう考えた時、江藤淳と西部邁という戦後思想史において良くも悪くも「保守」を代表するパブリックイメージを背負っていた二人が「妻の死」に対し、男であるぼくでさえも赤面するほどの哀切の書を書くその脆さが気になる。ぼくには二人があたかも妻の不在に耐えかねるかのように自死したようにさえ見え、それはどうことばやロジックを重ねようが彼らの「保守」が「妻」以外に根差せなかったことを物語っている。

その時、彼女たち、つまり皇太子妃の「近代」に根差そうとしたのが平成の天皇であり、平成の次の天皇である、と考えるのは「飛躍」なのかもしれないが、さて、それは成功したのか。あるいは成功するのか。

第四章

シン・ゴジラの帰還と素晴らしき天皇なき世界

皇居全景。中央下が宮殿(2017年12月4日/共同通信)

1　私のない『シン・ゴジラ』の世界

さて、一九六〇年前後の不敬文学から離れ、第四章、第五章では「平成」の終わりに近い時期の表現を対象とする。

最初に扱うのは庵野秀明の映画**『シン・ゴジラ』**（二〇一六年）である。

この映画は誰もが予想したように皇居を襲わない。ｗｅｂ上には皇居の前で立ち止まり引き返すという「風評」さえ事前にあったが、しかし、ゴジラが皇居を襲わないことを以てありふれたメディア論を語ることにさほど意味があるとは思えない。にも拘わらず今更のように皇居の回避を皇室タブーと結びつけ、あるいは、初代「ゴジラ」の上陸ルートが東京大空襲のＢ29の爆撃ルートと一致する、先の大戦の南方での戦死者の御霊としての帰還なのだといった解釈を含め、サブカルチャーと政治を切断することがすっかり自明となってしまったはずのこの国の今の流儀に反して、ゴジラの表象する政治性はいささか冗舌に語られた印象がある。

しかし、庵野秀明らは、皇室タブー的な議論がなされることへのあらかじめ用意した揶《や》揄《ゆ》のように**『ミカドの肖像』**（一九八六年、小学館）の著者である猪瀬直樹を試写会に呼んでもいて、そこまでが創る側の想定内だったはずであり、最初の世代の「おたく」たちはその程度には悪質（無論、褒め言葉）であることは忘れるべきではない。

それにしても、『シン・ゴジラ』は菊のタブーを表象したり、あるいは御霊が皇居を巡回するという映画なのか。むしろ、そういった天皇の存在を前提とし、隠蔽したり信仰したりするような世界ではない世界を創り手がどこまで自覚的か知らないが、放り出して見せたことに何よりもこの映画の特徴がある。そして、つまるところはそういった政治性から徹底してゴジラを解放することこそが奇妙な主題となっている。それにぼくは共感は抱かないが、しかし、政治性とサブカルチャーの切断について言えば、政治性を回避するという消極性ではなく、むしろポジティブな切断作戦を実行したという点でこの映画は周到であり、かつ、誠実ではある。

だからこのまま、この章の結論を先に示すなら、この映画は、一方では世界像としては天皇のいない世界を描き、他方では「天皇」をめぐる貴種流離譚的な説話構造の機能を停止して見せた、と言うことができる。後者は言い方を変えれば物語論的にも天皇制を断念して見せた、と言える。

この二つの問題（あるいは「手続き」というべきか）について本章は考える。

†公務員しか出てこない映画

『シン・ゴジラ』の最初の印象は、登場人物のほとんどが「公務員」という映画をぼくは初めて見た気がした、ということにある。登場人物の多くが軍人だけ、政治家が中心という映画はないわけではないが、『シン・ゴジラ』では首相、官僚、自衛隊、都知事とすべてパブリックサーバントで、民間人は逃げまどう人々を除けば、使えない民間有識者ぐらいである。

猪瀬直樹はこれは日本の官僚機構のパロディーだと言い、他方では安倍政権周辺の若手官僚などはミッションを迅速にこなす作中のキャラクターに自身を重ねているなどという風評も流れた。だから「公務員映画」であるという印象はぼくだけのものではない。

とにかく、自衛隊員、官僚、そして政治家も含め、彼らは戦後憲法の定めに忠実であるかの如くパブリックサーバントとしてのみ行動し、私的な事情や、恋愛も家族も例外的にしか描かれない。例外とは、日系アメリカ外交官の祖母や失踪した科学者の妻の「被曝」体験が言及されるくだりである。それらのみが「公的」な行為のみを粛々と遂行する人物の中でミッションに持ち込まれる「私事」だが、それさえも、彼らが行う公共的な選択を阻害しない。

脚本の分量が膨大で二時間では収まらないという危惧に対して庵野秀明は早口で役者にしゃべらせる、と答えたとこれも何かで読んだ気がするが、台詞は思ったほどに早口ではなく、冒頭あたりの会議が停滞するくだりでさえ、これほど早く議論が進めばどんなに楽かと、酔狂で公務員めいたことをやっている身としてはうらやむばかりの意志決定の速度にむしろ感心する。まして後半ではゴジラが首相以下、旧世代をすべて消し去ってしまうのだから若手官僚のクーデターをゴジラが代行したようなものである。

とにかく『シン・ゴジラ』の官僚たちは仕事が迅速である。作中の公務員は要点しか話さず、そしてそれが正確に相手に伝わっていく。当初は必要だった「根回し」も実にてきぱきと水面下でこなしている。ゴジラから採取したサンプルは国内外の研究機関にあらかじめばらまかれ、それがヤシオリ計画での意思疎通をスムーズにもする。粛々と遂行される自衛隊の作戦や自衛隊員が命を賭するくだりも「サヨク」のぼくが辟易するほどの「自衛隊協力映画」であるにも拘わらず、ファシズムの匂いや「愛国」をさして感じない。それは彼らがただ「公務」を着々と遂行しているからである。

✝公ではなく機械としての官僚機構

こうして見た時、「絆」や「日本人」という集合意識のなかに自我を委ね、前世紀、庵野秀明が正確に予見した現在のこの国の補完計画状態を鑑みると、あれほど「心」や「自我」に拘泥した彼が、天皇さえ「お気持ち」つまりは自我の塊と化したこの新世紀に「滅私奉公」とはやや違う「私」のない世界を描いて見せたことは、皮肉や嫌味でなく、ある種の感慨がある。ここでは「個我」「他者」以前に官僚機構という「機械」が描かれ、つまりとてもよく働く公務員しかいない映画とは、「世界」が「機械」としてある映画だとひとまずは言える。つまり、皮肉や揶揄でなく、『シン・ゴジラ』を貫くのは世界も人間も「機械」を比喩として描くメカニズム（機械芸術）論的映画だと言える。

しかし、だからといってこのような機械としての官僚機構が、何か新しいパブリックなものの所在を指し示しているか、といえば、これはそういう映画ではない。

そもそも公務員たちに「私事」がない以上、それと対立する「公」もない。あるのは機械としての官僚組織である。人間が機械の歯車である、などというのはそれこそフリッツ・ラングの**『メトロポリス』**の世界像だが、そういった伝統に反し、『シン・ゴジラ』はその機械的な世界をディストピアとしては描いていない。

そもそも「私事」こそは、組織が「機械」として効率良く機能するのを阻害する不純物である。そういう「私」を、意志を持って断念して「公」に参画してこそ、滅私奉公という前時代的錯誤も成立するが、ゴジラに除去される旧体制の人々を除けば、作中の公務員たちはそもそも機械であることに躊躇しない。問題があるとしてもせいぜいが、ワイシャツが臭うぐらいだが、その程度である。

先に触れたように、自衛官を含め公務員たちは死を想定し、実際に死にもするが（ただし直接の「死」は描かれない）、そこには国家のために身を挺するという類のウェットな犠牲精神は消されている。だから「早口」での過剰なセリフは、いわば機械の演算処理速度の比喩のようでさえある。

†他者性が必要ない新世界

それにしても「公務員」しかいない、「私」の領域が作中に一切ない、というこの映画の中の世界はどういう「世界」なのか。

それは、やはり、「他者」がいない、ということではないのか。そのことはまず確認できる。平成天皇がまだ皇太子だった頃にこの国の文学が希求したセカイだ。しかし、繰り返しておくがそれは、「人類補完計画後」の「現実」としての現在において、自他境界がだらしなく融解し「絆」化した共同体の中で「他者」が消滅した、という意味ではない。そのような『**新世紀エヴァンゲリオン**』（一九九五年）が回避した、最悪のバッドエンドがもたらすはずだった世界とも違う。「人類補完計画」とは「他者」からなる世界、すなわち「近代」に耐えかねた人類が、自他の境界を融解させた「他者なき世界」を希求するというものだった。つまり大江が描いた純粋天皇への身投げのようなものだ。だが『シン・ゴジラ』の公務員たちが「私」の領域をミッションにもち込まないのは、この映画が「私」というものにさしたる意味を見出していないからだ。それは「私」を肥大化させ「日本」と一体化させる「愛国」とは決定的に違う態度だ。自衛官の殉死の覚悟の描写に悲壮感がないのは彼らに「私」への執着がないからだ。

では彼らは「個」なのかといえばそうではない。近代とは、他人に覗き込むことのできない「心」があることを発見してしまった時代である。だから他者としての殺人者の動機、つまり「心」を説明する探偵小説が近代文学の先駆けとして登場するのだ。このように近代とは、誰かといることの不穏に、誰もが耐えなくてはいけない時代だ。この不穏さが「他者」だと言える。

しかし『シン・ゴジラ』では何より、理解する、説得するという行為がプロセスとして消去される。「根回し」とは、つまりは、まったりと感情で同一化し他者性を鈍磨させる手段である。その手間のかかる相手、すなわち御用学者、守旧派官僚、意志決定ができない優柔不断な首相は単なる邪魔者である。それはゴジラが一瞬で駆除してくれた。そうやってゴジラがもたらした「新秩序」は他者なき世界ではなく、そもそも他者性を必要としない新世界なのである。

庵野が最終的に、世界の終わりの果てのような場所でアスカに拒まれ首を絞めるシンジ君を描いて、他者なき世界を否定したことの正しさは、『エヴァ』のブームが去った後で『ガロ』に書いた記憶がある。アスカのセリフではないが、他者なき世界は「気持ち悪い」のである。しかしそれと『シン・ゴジラ』の公務員たちは、互いが互いに「私」を担保にするコミュニケーションをしないこととは繰り返すが異なる。「人」が公務員としてのみ描かれ、しかしそこに「個」の孤立も、逆に、ナショナルなウェットさも感じないのは、「他者」という問題が忘却の彼方にあるからだ。ここではわかり合う必要のある相手の持つ不気味な感情はない。あるのかも知れないが、感情では同調はせず、個人は感情でなく「機能」で繋がっている。

つまりこの映画にはいい悪いでなく「心」がない。

「心ない」映画なのである。

その心のない映画に対したぼくは、心なく、ゴジラがなんのためにやってきたのか、その動機（つまり「心」）が描かれないことにわざわざ注意してみたくなる。なるほど、動機なき襲来は、ゴジラ以降の怪獣映画の約束事だとしても、改めて興味深く思えてくる。『エヴァンゲリオン』における使徒とは、相手の意図がわからない、つまり他者への恐怖の象徴であった。しかし、目的が一切不明のまま襲ってくる使徒の不条理さのようなものをゴジラには全く感じなかったからだ。

だから、ぼくは庵野が作中で、ゴジラとの意志の交流は不可能だという意味のことを台詞ではっきりと言わせている点に注意する。ゴジラの「気持ち」はわからない。「ない」のではなく、わからない。

それは、繰り返すが拒絶でも諦念でもない。「わかる必要がない」と切って捨てているのではなく、ミッション遂行にゴジラの「私」など考慮の対象に一切入っていないのである。このような、システムがシステムであることを自明として、そこに「私」という問いを含む介在物が存在しない新世界とは言い方を変えると工学的な世界である。

2　工学時代のゴジラ

†工学小説と感情小説

以前ぼくは堀江貴文が小説における「描写」を無駄なものだと言い放ったことを幾度か論じた。自分が必要とするのは小説の中の情報であって、私や私の主観が捉える「描写」

ではない。それらは全て無駄である。そう堀江は主張する。

それと類似した現象として、神戸の児童殺傷犯である少年Aの手記『**絶歌**』（二〇一五年、太田出版）への嫌悪がその印税への羨望とは別の次元で、その文章にあからさまに表出した未熟すぎる文学青年的な自我への拒否反応としてあるのではないかと思った記憶もある。読者が知りたいのは犯行の細部という情報である。「少年A」の「個」としての主観などは必要とされない。それらは小説を読むという行為に経済性（要するに楽に読める）を求める際、「私」をめぐる記述はそれに反するということである。そういった「情報のみ」が求められ、効率良く伝わる小説はいわば「工学小説」である。

それに対し「私」から固有性（例えば具体例としての時間や場所）を剝奪して純粋化した主観からなるのが「感情小説」とでもいうものだ。実際に、「私」という一人称で叙述されていても、小説から「私」を輪郭付ける「描写」が消去され、ある意味で汎用的な「私」が現われる、という文章（既に問題とした太宰治の「**女生徒**」を連想すればいい）は「なろう系」などに見られる傾向ではある。新海誠《しんかい》のアニメなどもこの傾向が強い。それはいわば小説の「感情化」のもたらした表現である。

しかし、『シン・ゴジラ』が描いた世界では感情の融和は起きていない。感情は「ない」、というよりもシステムに不要なものは持ち込まれない「新世界」である。

それは繰り返すが工学化した世界だと言える。つまり『シン・ゴジラ』は堀江貴文が考えた工学的小説に近い表現と言えるかもしれない。

†工学時代の知と教養

こういう「経済性」のない知を一切排除した工学的な知とでもいうべきものへの待望は、堀江貴文がそうであったように、プラットフォーム系の企業人にしばしば感じる思考である。例えば旧角川と合併したドワンゴの創立者・川上量生《のぶお》は、『朝日新聞』のインタビューでかつて「教養」についてこう語っている。


学問はいくらでも掘れる、専門的になれる。でも学問は、再利用できるかが一番重要。得た知識を他のところで活用するのが学問の役割だと思う。

そういう応用ができる余地が少ないものは、教養としての教育の本流からははずれても仕方ない。

(「川上量生さん「残念ながら日本の教養の原点はジャンプ」」『朝日新聞デジタル』二〇一五年八月一七日配信)

つまり、川上にとって「教養」というのは「再利用できるか」否かという「応用」工学的な価値が必要だということだ。

「アリストテレスは理屈なのでわかりやすく、汎用（はんよう）性がある。」という言い方も彼はしている。どうやら「教養」とは応用可能な数理モデルに近いとわかる。川上の理想の教養は世界の全てを一つの数式で説明する「ラプラスの悪魔」だというようにさえ聞こえる。

その時、川上の中で人文知と工学の関係はいかに見えるか。

以下は「教養」の「効率」とは何かという質問者の問いに対する答えだ。

哲学も文学も、昔は人間が頭の中でこねくり回すしかなかったが、今は人工知能や情報処理によって、基本的なことは解析できるようになった。

現代の哲学は数学だしプログラミングだし、脳科学や認知科学だ。（同前）

このような人文知とプログラミング言語を対置し、人文知に数理言語化を迫る動きは川上個人というより平成の終わりにもっと広く顕在化していた主張であることを指摘しておこう。二〇二二年から採択される高等学校の国語では「文学国語」（近代文学・評論）、「古典探求」(古文・漢文)に対して、「国語表現」「理論国語」が新設される。前者は企画書やビジネス文書の作法という実用言語、後者は「論理」構築のための理論言語であり、プログラミングと整合性の高いことばの教育である。堀江や川上のこの間の主張の落とし所としてこの「教育改革」があることがわかる。

小学生向けに採用の動きが活発な国立情報学研究所の新井紀子が開発したリーディングスキルテストは中高生の読解力の調査とされたが、それは「文」の中に置かれた情報の読みとりを「読解力」としていて、行間や文の裏側に示したものの存在を想定していない。読みとるべき「文」そのものが既に「理論国語」に限定されているのだ。

そこでは堀江が言う描写、即ち近代小説が「私」の発露として表出してきたものが不純物と見なされている。つまり理論国語が求める世界、あるいはそれが示す言語空間とは『シン・ゴジラ』の「私なき世界」とひどく似通っている。そこではゴジラは使徒のように不条理ではない。使徒は「私」が「他者」にあることの恐怖であり、理論国語の世界には「他者」がいない。

このように、「私」のない世界というのは思考が工学化された世界である。そして事実として、思考がある部分では工学化可能な時代だという事実が既に見た川上の主張の根拠にある。

そこでは「個我」も「他者」も効率性の妨げである。しかし、重要なのは、文科省はともかく堀江や川上はここでただ新自由主義的に経済的利益の最大化のためにこういう主張をしているのではないということだ。むしろ彼はまるでプログラミングやアルゴリズムの効率を上げるように、世界もより効率的に書き換えられると感じ（信じ）ている。『シン・ゴジラ』の世界とは、その意味で工学化が達成された世界である。

このような世界の工学化、あるいは機械化は横光利一の『**機械**』以降、文学の一つの主題となってきた。そこでは機械化されることの不条理が常に語られてきた。横光の『機械』が「同時代に流通していた〈支配する機械〉というある種の運命論を、その骨組みとして採用している」（日比嘉高「**機械主義と横光利一**「**機械**」」『日本語と日本文学』第二四号、一九九七年）という指摘があるが、機械化する世界は世界そのものを機械とし、その世界機械は常に機械であることをこう迫ってきたのではなかったか。

> だが此の私ひとりにとつて明瞭なこともどこまでが現実として明瞭なことなのかどこでどうして計ることが出来るのであらう。それにも拘らず私たちの間には一切が明瞭に分つてゐるかのごとき見えざる機械が絶えず私たちを計つてゐてその計つたままにまた私たちを押し進めてくれてゐるのである。
>
> （横光利一『機械』一九三一年）

しかし、『シン・ゴジラ』の世界にここに見られるような工学化の恐怖はない。ゴジラ研究に私的な動機を持つゴジラ研究の科学者が失踪し、「あとは君たちの好きにしろ」と捨てゼリフの如き遺言（？）を残すのも「世界」の工学的更新に抗うことの放棄のようにとれる。

であれば、このような工学的世界の中で作中の「公務員」たちも理解しようとしなかったゴジラの「自我」について、「文学国語」に分類される評論の側の一人として「敢えて」考えてみる。「敢えて」というのは工学的思考の経済性に反する思考プロセスであるのは言うまでもない。

†さて、ゴジラはなぜ襲ってきたのか

そもそも映画の冒頭で思わせぶりに宮沢賢治の『**春と修羅**』（一九二四年）が放置される。同書の「序」にはこうあることはよく知られる。

わたくしといふ現象は
仮定された有機交流電燈の

ひとつの青い照明です

（宮沢賢治「春と修羅」『宮沢賢治全集1』、一九八六年、筑摩書房）

映画の中でのゴジラの青い発光を合わせれば、ゴジラは「わたくしという現象」を持つ機械なのだろう。そう庵野の示したトラップに、まず、敢えて嵌《はま》ってみる。ゴジラの内に行動のモチベーションとなる感情とも衝動ともつかないものが「ある」ことは、ゴジラ御霊論に代表されるように、ゴジラ論の定番の「読み」である。近頃ではこの種の赤坂憲雄に代表されるような、昔ぼくが盛んにやって顰蹙《ひんしゅく》を買ったはずの民俗学的な解釈の類が奇妙な説得力を一部で持つ印象がある。

しかし、『シン・ゴジラ』を御霊信仰や戦争の歴史の反映として「読む」ことは果たして妥当なのか。仮にそういう「読み」を可能にする映画であるなら、そんなものは庵野秀明には「転向」ではないのか？　むしろ、宮沢賢治の本というベタすぎるギミックはそういう誤読に向けての彼のミスリードではないのかとぼくには思える。

確かにぼくはサブカルチャーに対して政治的な「読み」を行うことを否定しない。むしろ、一つの逆説、あるいは批評的悪意としてそれをずっと行ってきた。しかし、この論では全く触れもしないが「シン・ゴジラ」を福島原発事故の表象としての「動く原発」として論じるわかりやすい解釈を含め、そういう広義の文明論的「読み」そのものの無効化を『シン・ゴジラ』は目論んでいる気がする。それは別にこの作品が「現在」や「現実」を反映しない、と言っているのではない。

従来の『ゴジラ』シリーズが可能としていた政治的、民俗学的読みが不成立な時代が工学的現在である。そして言うなれば「ゴジラ」の政治的・民俗学的読みを可能たらしめていた説話装置が機能停止する、というのが実は『シン・ゴジラ』の描くところのものである。いわば、ゴジラの世界から人文知や人文知が担保してきたものを消去する手続きとしてこの映画はある。

3　機能停止する貴種流離譚

†ゴジラの原型としての蛭子

さて、『シン・ゴジラ』の作中で停止する説話装置とは貴種流離譚であることは言うまでもない。ぼくはここで便宜上、折口信夫の国文学上の用語を用いる。しかし、それは『シン・ゴジラ』に国文学的民俗学的意味付けをするのでは全くない。そういう「読み」

を誘発する装置の、繰り返すが「停止」を問題(といっても「問題化」するのではなく「立論」するだけである)とし、それを論じるのである。そのために「説話論的に『シン・ゴジラ』を読むという逆説」をこれから演じなくてはいけないのが正直、面倒臭くはある。しかし、「逆説」ほど「理論国語」的読みの経済性に抗えるものはないのだから仕方がない。

さて、『シン・ゴジラ』の中に貴種流離譚の枠組を的確に読みとったのは職業的批評家の中にではなく観客の側にいた。「ゴジラそのものがヒルコ、カグツチ、スサノオなど**「僕たちイザナギにネグレクトされました!」っていう古事記の父なし児ぜんぶを合わせたような感じなんだよなぁ」**(甘粕試金/現在はアカウント削除)というツイートはその代表だろう。

「シン・ゴジラ」がオタマジャクシの後ろ足が生えたような姿で這うように当初現われ、それが立ち上がり手が生える、という展開をこれも映画を見る前にスマホで最初に読んだ時、ああ、つまりは蛭子《ひるこ》なのだな、と納得した。それで、誰かそういうことを言っていないかな、と検索したらこのツイートが最初に引っかかった。この人がどういう人か知りもしないが、これは短いが良い批評だ。

何故なら、ヒルコ神話を比喩に、親にネグレクトされた悲哀をゴジラに感じ取った時、ゴジラの説話論的な意味が明らかになるからだ。

ここに伊邪那岐命詔りたまひしく、「然らば吾と汝とこの天の御柱を行き廻り逢ひて、みとのまぐはひ爲む。」とのりたまひき。かく期りて、すなはち「汝は右より廻り逢へ、我は左より廻り逢はむ。」と詔りたまひ、約り竟へて廻る時、伊邪那美命、先に「あなにやし、えをとこを。」と言ひ、後に伊邪那岐命、「あなにやし、えをとめを。」と言ひ、各言ひ竟へし後、その妹に告げたまひしく、「女人先に言へるは良からず。」とつげたまひき。然れどもくみどに興して生める子は、水蛭子。この子は葦船に入れて流し去てき。

（「古事記」）

高貴なる両親が禁忌を破り（この場合は女性から男性を誘うこと）、その結果として特異な子供が誕生し、その子は小舟に乗って流される。かつて（前世紀の初めのことだ）フロイド派のオットー・ランクは、このような発端を持つ神話群を「英雄誕生の神話」と呼んだ。ちなみにこのあたりの「物語論」は、ぼくにとって言うまでもなく解釈の装置ではなく、物語を構築する工学的装置として実用的に応用されることには注意を促しておきたい。

この蛭子の姿については「**古事記**」に記述はないが、「**日本書紀**」によれば「蛭子」は

「年三歳に満りぬれども、脚尚し立たず」とある。後脚が未発達な「シン・ゴジラ」が変態を繰り返し立ち上がる様のイメージの根底にこのような蛭子がないとは到底思えない。その程度の人文的教養の幅は庵野に当然ある。

しかし重要なのは、日本最古のこの物語において、奇妙なことに「流離された蛭子」の運命が語られていないことである。正確にはもう一人子供が生まれ、また流され、その後は父母神によって「国産み」がなされる。しかし「蛭子」と呼ばれたこの子供の運命は「古事記」でも、あるいは「日本書紀」にも同様の挿話があるが、そこでも不明なのだ。

とはいえ、ランクがその書で具体的に示した様々な文化圏の英雄たちは、小舟に乗せられて遺棄された後、下層民や獣に拾われて育てられ、やがて出自を知り、父の前に現われ、これを殺す、という共通の「物語構造」を持つ。その構造からエディプス神話を思い浮かべることは容易であろう。

†英雄誕生の神話から失われたもの

こうして見た時、発動しかけた物語構造が「英雄誕生の神話」の日本型として折口が言う貴種流離譚であることは言うまでもないが、実は折口の言う貴種流離譚はもっぱらその「後」に重きが置かれているのである。

折口にとって貴種流離譚とは「物語要素」、つまり記紀や源氏物語などの物語文芸を構成する要素に他ならず、その意味でプロップからの形態学的な説話論に近い。つまり、古典を構成する工学的要素として貴種流離譚はある。

折口は「貴種流離譚」についてこう書く。

> 須磨の浦に、さすらい住んで、あしこの自然の荒さに苦しみ、やっと明石へ這い渡り、そこでかりそめの憩いを覚えるようになる光源氏の生活は、あの物語が書かれて後の世の中では、あれほど優なる生活はない、と思われていたものである。おそらくその後に、雨の後の草の若芽のように出て来た文学愛好人は、人生と、小説とのけじめを思うだけのゆとりもなく、ただあの生活を懐しんだのである。
> （折口信夫「日本文学の発生　序説」、折口博士記念古代研究所編『折口信夫全集』第七巻、中央公論社、一九七六年）

つまり、何故、いかに流離されたかでなく、流離の悲哀そのものが主要な構成要素となる。そしてその流離を甘美に郷愁し、反復することで貴種流離譚の枠組は生き続けた、と折口は言う。だから源氏物語の光源氏流竄《りゅうざん》がそれ以降多くのエピゴーネンを生んだ、と言う。ゴジラシリーズへの戦死者の御霊論的な読みもまた「遠い地をさすらう苦悩」をそこに読みとることの継続に他ならない。

だが、ランクが指摘したエディプス神話的構造では、そもそも、流されし子が父を殺すという災いはあらかじめ予言されている。しかし「古事記」のこの物語はその発端で禁忌を破り、子が「畸形《きけい》」として生まれるという要素がありながら、父殺しの予言と、何より流離され、自身の出自を知り、父殺しを最後に遂げる、という物語の中盤以降の展開の一切が失われてしまっているのだ。

しかし、折口は蛭子の流離の先が描かれていないことに気づいてはいた。


蛭子命は摂津西宮へ、淡島神は紀伊加太の淡島へということになっている。さらに蛭子命は、男性の神と考えられているようだが、淡島神は、――少彦名神説をとらぬ限りは――姫神だというふうに考え、後世には、婦人の悩む病いに悩まれ、住吉社の片扉に載せて流されたなどと言われている。みな一つの考え方をたどっていて、それに、時代々々の影を濃く落としているのである。

ただこの神々の上には、まだ人間に似た細やかな心をば附与してはなかった。だから、遠く流離して来られても、さして人の哀愁をそそる物語としては、心には、沁むところはなかったであろう。
それが、神の本郷がきわめて楽しい国で、さすろうている他郷が、荒涼としてもの寂しく、人情もすさんでいるというように、一歩考えが入り立って来ると、もうその物語が人の胸をうつことになるのである。 (前掲書)

折口はここで蛭子の流離された悲哀を、この神には心が付与されていなかったから未成立だったと説く。いわば「神の物語」の作者のキャラクター造形の都合で「心」が与えられていなかった。しかし人々の間で「神の国」が具象化するにつれて、そして流離の先がすさんでいるという構図が出来上がると、ようやくその地で生きる蛭子というキャラクターに悲しむ「心」が生じることになる。そこで「胸をうつ」読者の共感が可能になる。しかし、蛭子の悲哀が記紀において不在なのは「神の物語」の作者の不作為なのか。むしろ折口にとっては、その後の物語が剝奪されたその理由を想像することは簡単ではなかったのか。

何故なら父殺しの予言がなされ、それが達成されれば、皇室の祖としてのイザナギ殺しを意味するからだ。そもそも天皇家の統治の正統性を根拠付ける政治目的があったはずの「古事記」で、天皇殺しの神話を自ら記載するはずもない。無論、千数百年前の神話の編纂者の政治的意図など想像でしか語れないが、しかし「古事記」編纂時、日本とやがて呼ばれる地域にもランクの言う英雄誕生神話に類する構造の物語が遍在していて、その一部分、発端のみが「古事記」に編纂時に採用され、残る部分は放擲《ほうてき》されたことだけは仮定してもよいだろう。

柳田國男がフレイザーの『**金枝篇**』の翻訳に難色を示したのはこれが「王殺し」をモチーフにするからだという説があるが、柳田と同様に折口も禁忌とされた説話の所在に敏感であったからヒルコのその後の物語の不在の理由を語らなかったのではないか、というのは折口論の問題だ。

とはいえ素人じみた神話論をここで語ることに何の意味もない。

ここではひとまず『シン・ゴジラ』がヒルコの物語であり、そして、その物語構造が発動しているから、ゴジラは海から陸へと手足を生やして立ち上がり帰還した、つまりゴジラの行動原理は説話構造が導き出すものだと、そう確認しよう。そう確認すればゴジラが、何のためにどこに向かったか自ずと明らかではないか。ゴジラが霞ヶ関を破壊し、東京駅で動きを停止した時、向いていた方角はどう見ても皇居であることは不問にすべきでない。体内に凍結液を注入されて身を乗り出した方向も、立ち上がって凍結した後に向いたのも皇居であって、ゴジラがどこに向かっていたのかはどう考えても明らかではないか。

ヒルコとしてのゴジラは父母の末裔のいる場所に帰還しようとしていたのである。既に言及したように折口の物語論は「理論国語」の教科では対象としないが、物語構造に対する理論言語である。そこから理論的に導き出すとこのような結論となる。

†皇居に向かったゴジラ

ゴジラは皇居に向かっていたのである。

しかし、公開当時、何故かそうあからさまに言う者がいなかった。加藤典洋《のりひろ》は、庵野は、所詮は「電通文化」（恐らくは渡部直己が言うところの広告代理店的忖度《そんたく》に支配された「電通文学」の亜種）に従順であるから皇居をゴジラが襲えないとほのめかした上、自分はそのような政治に配慮しない、とした上でゴジラの禁忌なき上陸コースをこう語っていた。

ペリーと同じ浦賀から上陸させ、そのまま横須賀の米軍基地に行かせるでしょうね。そして、その後、そのまま北上させます。すると政府部内で、声が起こります。まさか、と。……あの先には昭和天皇の武蔵野陵があるゾ、どうするんだ。しかし、ゴジラは武蔵野陵にではなく、米軍の横田基地を襲う。そこから一転、向きを変え、甲州街道沿いに都心に向かう。すると、背景に、富士山が浮かびます。これは１９６４年の東京五輪時のマラソンコースでもある（笑）。

（中略）

東京駅前で冷温停止したゴジラが、また動き始める。（中略）サスペンスフル（？）な行き先は、米軍基地か、福島第一原発の原子炉くらいしかない。

（加藤典洋「ゴジラは庵野自身であり、現天皇でもある」日経ビジネス電子版、二〇一六年九月一五日公開）

「皇居に向かわせる」と言えない一点で、菊のタブーに何とも従順なことかとぼくには思える。

そもそも庵野は東京駅のゴジラ、つまりは、皇居に向けて核ミサイルを発射しようとする実に「不敬な」アメリカを描いた。対して、横田基地を襲うゴジラを語って悦に入る加藤には、かつて、村上龍『**限りなく透明に近いブルー**』（一九七六年、講談社）が描いた米軍に罵声を浴びせる青年の姿に、戦後日本の対米追従の屈託を少しもわかっていないと憤った、江藤淳の村上への罵倒を正確に読み取った時の面影はない。（批評家の劣化とはこういうことか、と自戒だけはしよう。）

もう一度、言う。

ゴジラは皇居に向かっていたのである。
それは東京駅の丸の内側で降りたことのある人間には自明である。そしてあくまでもそれが貴種流離譚に物語工学的に駆動されていたとすれば、その目的は、父母の許への帰還である。しかし、それは「父殺し」なのだろうか？

†蛭児大神とシン・ゴジラの運命

記紀では封印された蛭子の運命は、民間信仰では繰り返し語られる。例えば「葦舟」に載って流されるのは蛭子でなく、都を不穏に陥れ退治された「鵺《ぬえ》」なのだが、その遺骸は芦屋あたりに流れつくこともあった。兵庫県西宮神社（夷社）の祭神・蛭児大神は、夷三郎《えびすさぶろう》とも呼ばれ以下の縁起が伝わる。

今、是ノ蛭子生レテ骨無シテ練絹ノ如シ。
二神是ヲ海ニ打入玉フ。
龍神是ヲ取奉テ天神ノ御子ナレバトテ養子トス。
三歳ノ時、始テ足、手、目、鼻出ル。（中略）
其後、蛭子兄ノ天照太神ノ御前ニ参リタリ。

（「古今和歌集序聞書　三流抄」）

この蛭子は、これもランクの言う英雄誕生の構造に忠実に第三者である下級の神に拾われ、そしてオタマジャクシの如く手足が生えて、自分を捨てた父母の許に謁見を申し出る。古今の英雄神話ではしばしばここで「父殺し」が発動する。水に遺棄された子供は父を殺し、替わりに王になるのである。

だが、夷三郎は王殺しはせずに「親ニ捨ラレ玉テ下位ノ龍神ガ子トナレリ。サレバ、汝ハ下主ヲ守ル神トナレ」と言われ「津ノ国西ノ宮ニ頌セラレテ夷三郎殿」となる。「脚尚し立た」ない蛭子が「足、手、目、鼻出」て、父王（この説話では天照大神は男神、つまり「父」）の「御前ニ参リ」、「主ヲ守ル神」となる。父の承認を求めるのである。その結末はともかく、ここで語られる蛭子の運命は『シン・ゴジラ』のプロットそのものである。

このようなゴジラの「動機」は他にも推察はできる。ゴジラが太平洋戦争の死者の御霊であるというサブカル民俗学的な「読み」と違って、先に引用したTwitterの「ゴジラネグレクト説」は、物語構造から正確にゴジラの動機が読みとれる。ゴジラの動機がネグレクトされた子としての「私」であるなら、そこで発動した物語構造から、ゴジラは父母のいる場所に向かった、としかその向かった先をとりようがない。

このように皇居に向かい一周して海に戻った初代ゴジラを含め、貴種流離譚という装置がゴジラを駆動するエンジンであり、そして『シン・ゴジラ』で描かれるのはこのような装置の「停止」に他ならない。貴種流離譚とは戦後文学においてさえ、大江を経由して中上健次に至るロマン主義的な装置であるが、『シン・ゴジラ』はゴジラを皇居前で凍結させて、それを停止させたのである。つまり、停止したのはゴジラであると同時にこの国の現在になお延命した貴種流離譚なのである。

前章で見たように、大江は「**セヴンティーン**」「**政治少年死す**」において主人公を貴種流離譚で駆動している。

しかし、庵野秀明は、一途に皇居へと向かうゴジラを描きながら、ただ、皇居に対峙させる。

蛭子が帰ろうとするのは、父母のいる場所だ。だから、動機は「父殺し」であるかもしれないし「母恋い」であるかもしれない。その意味で、かつて大江健三郎が「政治少年死す」の中で、少年テロリストの天皇への感情を母胎回帰的なものとして描いたことはもう一度、思い出していい。

おれは自殺しよう、あと十分間、真の右翼の魂を威厳をもってもちこたえれば、それでおれは永遠に選ばれた右翼の子として完成されるのだ。（中略）おれは純粋天皇の、

天皇陛下の胎内の広大な宇宙のような暗黒の海を、胎水の海を無意識でゼロで、いまだ生れざる者として漂っているのだから、
（大江健三郎「政治少年死す（「セヴンティーン」第二部）」『大江健三郎全小説3』二〇一八年、講談社）

天皇が「父」でありながら「母胎」でもある。これはモデルとされる少年の天皇観ではなく、むしろ、この国の近代文学からサブカルチャーまでが共通に持ち続けた成熟忌避の欲望のむしろありふれた一例だ。だとすれば、ゴジラが皇居に回帰するのは、「父殺し」との表裏一体としての「母恋い」だとぼくなどは敢えて言ってみたくもなる。

そもそも庵野という創り手に一度、立ち戻れば、ゴジラは皇居に戻ってはいけないはずだ。戻れば庵野がかつて『エヴァ』で主題にした「胎内回帰」になってしまう。ゴジラは母なる天皇に慰撫されてはいけないのである。それは庵野なりの成熟である。

4　胎内回帰を断念することの困難

†貴種を演じる奥崎謙三

庵野は宮崎駿の『**崖の上のポニョ**』のラスト、主人公の少年が子宮の如き水中の母のいる場に戻る胎内回帰に対して、教養小説的な構造を持つ『**風立ちぬ**』（二〇一三年）を「ポニョのリバウンド」と評したことがあった。

そして『風立ちぬ』のラストで主人公の青年は死者となった恋人が「来て」と胎内への帰還を促すのに対し、庵野のアドリブで「生きて」とアフレコの場でセリフを修正し、宮崎駿が二度めの母胎回帰映画を作る失敗からかろうじて救っている。従って作家論的に言っても、庵野は、あの森には帰還先としての「天皇」も「母胎」もあってはならず、ゴジラを皇居に向けて立ち尽くさせ、断念させる必要があった。

しかし、一口に貴種流離譚を機能停止させるといっても、それを実行することは実のところ極めて困難だ。大江の「**セヴンティーン**」がそうであったように、「天皇」に言及した途端、それが「反天皇」的物語であったとしても、いや、むしろそのほうが発動した装置に抗い難い。

その一例を挙げる。

『シン・ゴジラ』を見て少しして、ある雑誌に頼まれて久しぶりに原一男の映画『**ゆきゆきて、神軍**』(一九八七年)を見て、ああ、これは「**小栗判官車街道**《おぐりはんがんくるまかいどう》」だよな、というかつての印象を改めて思い出した。その印象を少しメモしておく。

藤沢の上人によって現世に戻りはしたものの餓鬼阿弥となった小栗は、無縁の衆生たちの手引きで土車に乗って熊野の壺湯まで運ばれねば人の姿にはなれない。小栗の家来たちは火葬され骨となったので冥府に残り、戻ったのは小栗一人だ。衆生の一人として土車を引くのは恋人であった照手姫である。ここまで記せば小栗は奥崎謙三で、冥府に残してきたのは戦死者たち、土車はあの奇態な宣伝カー、照手姫は言うまでもなく妻シズミということになる。藤沢の上人が監督の原一男とまでは言わない。しかし、奥崎の暴言や暴力、被害者の家族の捏造と一つ一つは少しも共感できないにも拘わらず、しかし物語として胸を打たれもするのは、原が意図してのことか否かはわからないが、映画が確実に一つの説話構造に収斂していっているからである。

未見だが、奥崎が自ら語ったビデオを編集した続編では、彼は自らのことを「亜人間」と語り、「人間以下」「本物の人間じゃない」と呟いてもいたようで、なるほど奥崎はとうとう餓鬼阿弥のままなのだという自覚があったのか、と納得もする。

その「土車」たる宣伝カーには確かこう書かれている。「裕仁一味を生かすために死んだ無数の人の霊を慰める車」。やはり、これは死者の魂を畏怖する神話的装置だ。まるで赤坂憲雄のゴジラ論そのままである。

『ゆきゆきて、神軍』では、奥崎が「ゴジラ」の如き流離された貴種を演じるのである。説経節《せっきょうぶし》における小栗は、元は三条高倉大納言の嫡子、つまり貴種である。その貴種が餓鬼阿弥に身を窶《やつ》し、衆生界を土車で転々とする、折口信夫言うところの貴種流離譚である。小栗は、最後は人の姿に戻り、天皇に祝福され、やがて「神」となるのである。

だが奥崎の旅が小栗の旅といささか違うとすれば、土車を引く役割を担わされる人々がたまたま通りかかった無数の衆生などではない、ということだ。押しかけていき恫喝し泣き落とし説教し、時に暴力さえふるい、いわば土車を引くこと（無論、象徴として）を求められるのはかつての日本兵たちである。

奥崎の旅は「亜人間」、餓鬼阿弥たる彼自身の畏怖の彷徨である。そして彼をいわば「亜人間」たらしめたのは「戦争」である。奥崎は自身の犯罪も日本兵殺害に関わった者たちの病も戦争に帰結させる。それは詭弁であり責任転嫁に過ぎないが、奥崎のそもそも逸するべき常軌そのものが不在としか思えない言動や、奥崎に憑《つ》かれたように食肉やその隠蔽《いんぺい》としての兵士殺害を告白してしまう元上官たちの姿、あるいはまた、殺された兵士の一人の遺族である女性が祈禱師めいたお告げをする様を含めて、戦争というものが人をどれくらい損なってしまうのか、ということだけはかろうじて想像がつく。

奥崎のエキセントリックさを嗤《わら》うことはたやすいが、彼を含め、一体、人がかくも壊れるということはどういうことなのか。しかし、そう驚嘆する前に映画はあらゆる出来事を説話構造に回収していく。それがこの映画の問題点だ。

†『ゆきゆきて、神軍』の説話論的構造

奥崎の宣伝カーには赤白が逆転した日の丸がはためいている。その車を走らせ、彼は一方では戦死した兵士たちの母を訪ね肩を抱き、慰撫する。暴力的な糾弾の対象となる元上官たちも奥崎の慰撫の対象である。最後は皆、奥崎の前で涙し、あるいは放心し、人肉を食った、隠蔽のため仲間を撃った、と告白し始めるのだ。一体、それが許しを乞う懺悔《ざんげ》でなくて何だというのだ。奥崎は戦死者の遺族の許を天皇のように巡幸し、彼は奇怪な感情天皇として振る舞い続けるのだ。

奥崎を天皇の代行者たらしめているのは、彼が天皇に向けてパチンコ玉を撃ち放った事件だ。その様子を奥崎の書から改めて引用してみる。

天皇の姿がバルコニーに現われると、群衆の視線と関心は、一斉に天皇に集中しました。

私は、オーバーのポケットの中で右手で握っていたパチンコとパチンコ玉を取り出し、群衆の頭越しに、二十数メートル離れた天皇に向けて、パチンコ玉を一回に三個、発射しました。やっぱり思っていたとおり、天皇にパチンコ玉が当らず、天皇は素知らぬ顔をしていました。

私が一回パチンコ玉を発射しても、私の行為を知って騒ぐ人は誰もなく、私は肩すかしを食ったような、もの足りない気がしました。私は筋向いのモーター屋さんの主人に予言しておいたとおり、周囲の人を騒がすために、大声をはりあげて、「おい山崎！天皇をピストルで撃て！」と四、五回繰返し叫びました。すると、私の前の方にいる群衆は、一斉に私の方をふりかえりました。私は天皇を指さしながら、なおも「山崎！天皇をピストルで撃て！」と大声で叫びました。

（奥崎謙三『ヤマザキ、天皇を撃て！』一九七二年、三一書房）

弾は天皇に届くどころか彼が気づくことさえなかった。それどころか彼の「犯行」に周囲もまた気づかず、それで注視を浴びるために叫んだのが「ヤマザキ、天皇を撃て！」であった、という。この手記の中でそもそも奥崎は「天皇に危害を加えることが目的ではなく」「マスコミや世間」に自説を知らしめるためのものであったと書いている。

だが、戦後、天皇ではないが皇太子に向けて石を投げた少年がかつていたことはすでに論じた。全く気づかれなかった奥崎のパチンコ玉に対して少年の投石は皇太子だった現在の天皇に少なくとも認識はされた。つまり、奥崎は三島や石原が感じたような他者としての皇太子を露呈させることはできなかった。そしてわざわざ皇居に行きながら貴種としての帰還を拒まれた、というよりは、ただ空転したのである。

そもそもからして、奥崎は天皇を糾弾はしていない。「殺す」と彼が脅迫したのは朝日新聞社や田中角栄であり、実際に殺したのは仕事でもつれた相手や、未遂ではあったが彼が告発した元軍人の息子である。それは結局のところ奥崎が準拠するのが天皇に他ならないからで、彼は「天皇」の無責任さを諫めるが、天皇が「神」でなくなった戦後に奥崎は人の法を超えた「神」の代行者として行動しようとした。天皇の代わりに戦争によって損なわれた人々を抱き慰撫し、懺悔させ罪を購《あがな》わせようとしたのである。つまり彼なりの感情労働をもって象徴天皇の陰画として振る舞い続けたのだ。

しかし、その反転した「天皇」を演じた奥崎の姿は果たして彼自身がそのような説話装置に駆動された結果なのか、それとも監督である原一男の作為なのか。いずれにせよそこにあるのは天皇制に収斂する物語構造の一つなのである。それが、この映画の最大の欠点である。

戦争によって人がかくも損なわれるのか、そう驚愕する瞬間が幾度もありながら映画全体がどうにも奇態な「癒し」、感情映画の域を出ていないのは、奥崎も原も本来、映画が食い破ろうと苦慮する構造に対しひどく従順だからである。

このように『シン・ゴジラ』も『ゆきゆきて、神軍』も主人公を貴種流離譚で駆動させながら、原一男のほうはその駆動を停止できなかった。それは比喩でなく、天皇の許に帰還できなかった奥崎は「父殺し」の代わりに現実の世界で、「戦病死」した兵士の死の責任を元中隊長の長男に負わせて拳銃を発砲するという、錯誤を演じる。映画が編集されたものである以上、説話構造が駆動した責任は監督にある。しかし多くの観客は貴種流離譚としての構造に身を委ねたからこそ『ゆきゆきて、神軍』に心打たれるのである。奥崎の感情労働に癒されるのだ。

ゴジラを凍結し天皇の物語を機能不全にした『シン・ゴジラ』との違いはそこにある。私たちは凍結したゴジラに心打たれないのである。

†天皇なき世界への出立

再び、『シン・ゴジラ』に戻る。

皇居に向かって静止したゴジラの姿は、別の章で論じた、三島が捏造して見せた投石少年と皇太子の対峙劇を連想させはする。

三島が少年と皇太子双方の「感情」に立ち入らず、禁欲的に「人間の顔と人間の顔」のみの対峙として描いていることを思い出そう。少年の行為が「天皇」に「他者」であることを求めた点で、神話的な王殺しや、天皇制転覆を目論むテロよりはるかに本質的に「天皇」への批評たり得ているからこそ三島は投石少年を評価したはずである。

庵野も確かに三島が投石少年を描いたようにゴジラを描いた。皇居に向けられた、いわば剝き出しのゴジラの顔を描いた。ゴジラはまるで三島が描いた投石少年の一瞬の如く、ただ皇居を向き、立ち尽くすのである。

だが、投石少年が対峙し得たはずの「天皇の顔」を庵野は描かない。それは政治的な忌避ではない。向かい合う先はないのだ。森を挟んだ先で停止したゴジラを見るのは未来の日米の「公務員」のトップに立つであろう二人だ。二人は他者として対峙するのでなくカウンターパート同士として対峙する。

この二人の「公務員」は、ゴジラを他者たらしめるはずの、対峙すべき「裸の顔」とは言い難い。

『シン・ゴジラ』において「天皇」が描かれないのは、天皇がそこにいないからである。避難したのでも、ゴジラがうっかり殺したのでもなく、作中にあるのは「天皇のない日本」なのである。

仮に天皇が存在すれば、「理屈」でいけばゴジラが再び動き出した瞬間、核ミサイルが飛んでくるのだから天皇家の人々は皇居を退去していて、森は比喩としてでなくロラン・バルトがかつて語った「空虚な中心」としてあるはずだ。あるいは福島の原発事故の時のように皇室は敢えて皇居に残ったとすれば、きっと「玉体」や「国体」云々の議論が迫りくるゴジラを前に延々とされるだろう。しかし、それらは当然だが、描かれない。

それは繰り返すが、菊のタブーゆえではない。ぼくはこの章の初めで映画には公務員しか登場せず、ミッションの進行に介入する旧世代など経済性に反するものは個人の心情を含め消去されていると指摘した。

そして「シン・ゴジラ」ミッションにおいて最もその進行の妨げになるのは皇室であり、天皇であるはずだ。工学的新世界において天皇ほど不合理なものはないはずである。

念を押すが、庵野はイデオロギーとして天皇を回避したのでも消去したのでもない。工学化された世界においては天皇こそが不純物だからである。従って蛭子としてのゴジラが皇居に向かったとしても、作中の世界は天皇制がない世界だと考えなくてはいけない。皇室の避難や「国体」維持問題が一切描写されなかったのは、仮にポリティカルな配慮だったとしても、「描かれていない」なら、それは作中に存在しないということだ。そして少なくとも映画は「天皇なき工学的世界」への出立の物語である。

天皇を隠蔽するのではなく、存在しない。

だから最後にあそこに描かれたのは比喩ではなく、本当に何もそこにない森である。帰還した蛭子を待ち受ける者はいないのである。

「天皇のない国」である以上、貴種の帰還という天皇制によって根拠付けられてきた物語装置ももう不要になる。記紀が蛭子の運命を描かずとも、民間説話から近代小説までが蛭子の帰還を描き続けた。凍結させられたのはシン・ゴジラの内部機関でなくこのような貴種流離譚という物語の装置なのである。

『シン・ゴジラ』ではメカニズム的世界の経済性に反するものは「心」も「天皇」もロマン主義的な貴種流離譚も全てシステムの経済性に反する「無駄なもの」である。それこそが、「私」や「心」ごときで、人がだらしなく繫がらない（つまり「絆」などと死んでも言わない）『シン・ゴジラ』における「天皇の断念された世界」の意味なのだろう。

作中でゴジラは青く輝きはした。しかし、そこに庵野の「私という現象」の仮託をもう感じとることはできなかった。そして、庵野はそういうものは少しも必要としていないのだな、とも思った。それは最初は庵野の成熟だと思った。しかしそうではない。「私という現象」がもはや不要な、人が「感情」で繫がる必要のないメカニズム的な新世界を待望する物語として『シン・ゴジラ』があるからである。素晴らしき天皇なき工学的未来を皮肉でなく庵野は描いて見せた。

それが「平成」という時代の「次」として待望されているのだろうか。

第五章

平成三〇年小説論

——「工学化した世界」の片隅で

1　二人のポストモダン的作家

本章では「平成」の終わる前に書かれた小説を問題とする。
それを古市憲寿の『**平成くん、さようなら**』によって代表させることに異論が多くあるのは想像がつくが、扱う理由の一つが、これが平成天皇の退位が私たちによる「安楽死」の選択だという比喩として読めることに加えて、もう一つ、その最初の読後感が、これは「註」のない田中康夫の『**なんとなく、クリスタル**』(一九八〇年)なのかな、という印象だったからだ。そのことで、この二つの小説間で進行した世界の変容がわかりやすく論じられる気がした。

従って、この章では田中と古市の小説を比較しつつ古市の小説を読みとっていくという手法をとる。

実際、二つの小説はひどく似ている。

女性一人称の「私」による叙述と、モノやメディアや場所の固有名の配置された世界、「私」にとっての「彼」が田中康夫の小説ではジャズミュージシャンながらアレンジャーとしての才覚があり、他方では古市憲寿の「彼」は社会学者ながらシナリオライターとして著名だが、手がけたのは大家の旧作の映画化プロジェクトの脚本であり、偶然の一致なのかもしれないが、何かを「つくる」のではなく何かを「変奏」する、つまりヴァリアントの制作者であるという属性の重なりがぼくには興味深い。そういう何かが「変奏」されていくポストモダン的作家像をこの二つの小説が共有していることは気に留めておきたい。

無論、出てくる固有名は異なるし、田中康夫がかたくなに言及しなかったアニメやまんがについて古市は「**彼はビールを頼んだあと、『ゴールデンカムイ』の話を始めた。杉元が熊と戦うシーンがとにかく格好良く、ジビエがいかにおいしそうかという話を延々としている。それを聞き流しながら、そういえば今年の冬はついに比良山荘へ行かなかったことを思い出した。秋元さんや三枝さんに誘われて何度か行くチャンスはあったのだが、冬はそれどころではなかった。**」（古市憲寿『平成くん、さようなら』二〇一八年、文藝春秋）と書いたりもする。しかし、それはそれぞれの「世界」を構成する「モード」のどうでもいい偏差に過ぎない。田中の時代のスノッブなたしなみとしての教養にならなかったオタク的教養が、古市の時代では加わっただけの話である。

二つの小説はともに固有名であふれ、しかしそれ自体が何かを表象するわけでもなく、記号の群れが小説世界を構成している。

そう書いてみてふと気になって、文庫版が手許にあるにも拘わらず、スマホをいじって『なんとなく、クリスタル』をkindle版で購入してみた。既に『平成くん、さようなら』のほうはkindle版でiPhoneをデバイスに読んでいたので、『なんとなく、クリスタル』はどう表記されるのだろう、と思ったのだ。「どう」というのは言うまでもなく文中に記された脚注の表示のされ方である。恐らく「註」の番号は青で表記され、それをタップすれば註のテキストが表示されるだろう、と思ったからである。

しかし実際は違って、河出文庫版のデータをページ単位で転用したような、文字の大きさも書体も変更不可な「自炊」のような電子書籍であった。しかも文庫版では本文は偶数頁、対応する註は奇数ページという面付けとなっているが、それは当然、踏襲されている。註が本文と対等になっている。

更に気になって『なんとなく、クリスタル』の続篇として二〇一四年に刊行された『**33年後のなんとなく、クリスタル**』をやはりkindle版で購入してみた。するとこちらは、単語の下の（）の中に青文字で表記された数字をタップすると、巻末にまとめられた該当する註の頁に飛べるのである。

何故、小説の中身以前に註の有無や表示を気にするのか。
それは田中の小説が出現した時、これを積極的に評価した江藤淳が、この註の所在にかろうじての批評性を見出していたからだ。作中のブランド名やフランス料理のメニューなどへの「註」を通して、「戦後」（あるいは「近代」）のこの国及び文学が歴史や地勢図を喪失した後に現われた註＝記号の集積体としてある現在を批評的に小説に繋ぎ止めた、と江藤は評価したことを思い出す。確か後になって蓮實重彥との対談でもこんなことを言っていたはずだ。

いまの東京のいったいどこに、都市空間などというものがあるのだろうか。そんなものがもはや存在していないことを、完膚なきまでに残酷に描き切ったところが、田中康夫の『なんとなく、クリスタル』の新鮮さではなかったのか。田中君は、東京の都市空間が崩壊し、単なる記号の集積と化したということを見て取り、その記号の一つ一つに丹念に注をつけるというかたちで、辛くもあの小説を社会化することに成功しているではないか。

（江藤淳＋蓮實重彥『オールド・ファッション』一九八五年、中央公論社）

今、ここで江藤の見出した批評性の意味については深く立ち入らない。しかし江藤が

「いまの東京のいったいどこに、都市空間などというものがあるのだろうか」と嘆く時、何か「東京」なり「日本」の固有性が失われたという意味でなく、あくまで、世界が人工化したという状況認識の表明であると理解しなくてはいけない。

つまり江藤は歴史と地理という具体から乖離した仮想世界こそがこの時点で「批評」すべき案件だと言っているのだ。そこを誤読してはいけない。この「仮想化」が江藤の言う「サブカルチュア」であり、重ねて言うならぼくの『**サブカルチャー文学論**』における「サブカルチャー」の語法であって、読んでいない人に限って、おまえはラノベやまんがを文学だと言っている、と文句を言うので困るのだが。

江藤にとって『なんとなく、クリスタル』の註は、そこで描かれた仮想化した世界への批評である。『なんとなく、クリスタル』を読む時、いちいち「註」を巻末にたどって読むかどうかは人それぞれだが、脚注の数字が少なくとも「読み」のノイズになる。註がなければ、作中人物の生活の気分や心地良さ、つまり「感情」への「共感」が容易であるが、脚注の数字はそこに少なくとも小説世界に「もう一つの視点」という階層があることを暗示する。限りなく自動化しなければ心地良くない記号的世界の固有名を、懐かしい言い方をするなら脚注はいちいち「異化」するのだ。正直に言って「註」のテキストそのものは軽い皮肉や蘊蓄であり、それ自体を「批評」と呼ぶのは難しい。

この小説において批評性とはあくまでも「仕掛け」そのものにある。

だとすれば、電子書籍でありながら、左頁に本文と対等に註のテキストを配置することで、註の中身そのものが「批評」として位置付けられてしまうことは妥当な見せ方なのか。

†『平成くん、さようなら』の批評性

ぼくは当初、古市の小説には註がなく、田中の小説には註があり、それが両者の批評性の有無と関わると感じた。しかし、現状、入手できる田中の『なんとなく、クリスタル』では、註と本文は対置され、註そのものが批評的な位置を与えられているのであれば、ぼくは註のテキストそれ自体に批評性はないと感じるから、古市の小説には註がないが故に批評性がないという言い方はフェアではなくなる。

だから振り出しに戻って考えよう。

果たして古市の小説に批評性はないのだろうか。

そう記すのは、言うまでもなく古市のこの小説のプロモーションを兼ねて発表された落合陽一との対談での安楽死に対する発言が、優生思想だと顰蹙を買った出来事があったからである。そのことは少なからず古市の批評性の欠如への批判となるわけだから、このような設問を敢えて立ててみる。

今ぼくは田中の小説において「批評」とは、一つには内部のテキストが外部の参照を強要することでの「異化」の仕掛けそのものが、小説とセットでその外に示されたテキストの持つ「批評」性に格上げされていることを問題とした。『なんとなく、クリスタル』は「書かれた時」と現在の「kindle版」では、「批評」のあり方が「仕掛け」から「テキスト」それ自体へとシフトしているのである。無論、後者の「テキスト」そのものの批評性は、田中のエセーや文字通りの批評、ポリティカルな発話といったものに発展していくものであったことは否定しない。そして、田中もまた註のない文学をこのあとは選択して、小説そのものが世界への批評であることを目論んだはずなので、古市の批評性の有無は従って当然だが「註の有無」でなく、小説そのものの吟味によって判断しなくてはいけない。

2　江藤淳が「なんとなく」に託したもの

†批評用語としての「なんとなく」

さて、もう少しかつての田中の小説の批評性についておさらいしておく。

確か江藤は田中の『なんとなく、クリスタル』という題名の「なんとなく」と「クリスタル」の間の読点にも「批評性」の所在を見出していたはずだ。それを言ったら古市の「平成くん」と「さようなら」の間にも読点があるのだが、そうもいかない理由がある。何故なら、「なんとなく」という何気ない単語は、田中の小説が書かれた時点では、文壇の中で一種の批評用語だった事情があるからだ。実は、田中の小説が登場する以前から江藤淳は「なんとなく」という語の中に特別な批評的意味を負わせていた。

当時、江藤は、歴史と地理を喪失した戦後の言語空間を「サブカルチュア」という語に象徴させ、そういう「サブカルチュア」文学への苛立ちを文芸時評の類で書き綴っていく。その中で、その苛立ちを集約させる語が「なんとなく」だったのだ。

江藤は一九七八年に、一九五八年以来、断続的にではあったにせよ継続していた「文芸時評」から撤退するが、その最後で土居良一の『**カリフォルニア**』についてこう酷評するのだ。

土居氏の「カリフォルニア」に出て来るのは、美術学生になるつもりでカリフォルニアにやって来たが、なんとなく学校に通うのがいやになって、フレズノあたりのダウンタウンに住みつき、日本料理屋のキッチンで働いている青年である。

したがって、この小説が全体としてひ弱い印象をあたえる原因は、一にかかって主人公がなんとなくアメリカにやって来て、なんとなく学校に通うのがいやになり、なんとなく同棲して、なんとなく日本に帰ることに決めたという、かずかずの「なんとなさ」のなかに潜んでいるといわなければならない。長篇小説を書くという作業は、実はこのような「なんとなさ」を一つずつ消して行く営みである。ただ「なんとなく」長く書いてみた、という文章では、本当はそういう長篇小説は書けないのである。

（江藤淳『毎日新聞』一九七八年一一月二八日、二九日、『全文芸時評 下巻』一九八九年、新潮社）


土居が本文で「なんとなく」という語を使っていたかは説明されない。その意味ではほとんど言いがかりのようなものだが、しかしこの最後の文芸時評で江藤は「なんとなく」文学や世界があることへの苛立ちを全開にする。捨て台詞にさえ聞こえる。

先ほど言いかけたが、江藤の批評の複雑さは「世界」、あるいは「文学」がサブカルチャー化することを批判することにポイントがあるのではなく、世界や文学がそのことに無自覚である、つまり批評的でないことへの批判としてあるということだ。「なんとなく」はそのようなサブカルチャー（仮想）化した世界への批評性の不在を示す語としてこの時、江藤の批評の中ではあった。

田中康夫が江藤のこの文芸時評を読んでいたかは知らないが、少なくとも江藤にはサブカルチャー化した八〇年代初頭の都市空間を描き、そこに「註」を添えることでそれを相対化し、かつ、「なんとなく」の後に「、」を付して、敢えて、その語を用いたかに思えたこの小説は、江藤にとっては一つの「文学的正解」であったわけである。

これが田中の小説のもう一つの「批評」性ということになる。このような田中の小説の中の「批評性」が、江藤の出題に対する「解」であることに留意をしておきたい。

一九八二年には丸谷才一が、江藤を挑発するかのように現在の日本が「ただ何となくこうなっている」と作中人物がうそぶく『**裏声で歌へ君が代**』(新潮社)を上梓する。このように八〇年前後の文壇では「なんとなく」が一つ重要な批評的タームであった。

江藤が「サブカルチュア」そのものを否定しないのは、「サブカルチュア」的な戦後は、江藤の中では「近代」とも奇妙に重なるからだ。『**一族再会**』で江藤が描いた母は、近代の女性としての可能性を持ちながら「家」の中で「母」にならねばならず早逝した。そのことへの哀れみから、女性たちの生きる人工的な時間(近代)を全面的に否定できないのだ。江藤は女性に開かれた「近代」の可能性を否定できない。それが戦後日本を「人工」的世界と批判しつつ、「サブカルチュア」に対する矛盾した態度をとらせる。そこに上野千鶴子がフェミニズム的同情を寄せた時、江藤がいかに喜んだかは二人の対談を探し出して自分の目で当たればいい。江藤には田中の小説もそういう「フェミニズム的なもの」として響いたはずだ。

だから『なんとなく、クリスタル』もまた人工的な空間を無為に否定せず、崩壊しない女たちを描き、それを保証する男性主人公の名が「淳」ならぬ「淳一」であったのは、さて、偶然なのか。

この母、それが転じて「妻」になることは「**日本と私**」で明らかであることは前章で見た通りだが、「妻を損なわないための批評」というのが実は江藤の思想の根源にある脆さである。

女たちの「私」と批評の二重構造

しかし、考えてみれば男たちがつくった「近代」の言語空間の中で女たちの「近代」、つまり「近代的な自我」の発生が担保されるという構図は、田山花袋の『**蒲団**』（一九〇七年）の中にとうに見られる構図ではないか。作家の弟子となる横山芳子は、花袋たちが雑誌メディアを通じて啓蒙した言文一致体の一人称で「私」を表現する女たちの一人であった。だから「人懐かしい言文一致」で彼女の作家への手紙が書かれ、強制的に故郷に帰った後は「礼儀正しい候文」を書くしかない。彼女の「私」は近代の文体の中にしかない。その意味では田中の小説は極めて花袋的な近代小説でもあった。

花袋の『蒲団』は「私」が主語の芳子の「手紙」（実在したモデルの手紙がベースにある）と「彼」が主語の作家に近い主観からの三人称の二重構造になっている。近代小説の成立期に「投稿」雑誌が文芸誌の一種として登場するが、「手紙」は「日記」「小品」などとともに募集されていた言文一致の「文学」の形式であった。

つまり『蒲団』の構造は「女性」の「私」の一人称による「文学」に「彼」の視点からの「批評」を加えるという構成である。そういう「女性一人称文学」と「批評」の二重構造という点で田中の『なんとなく、クリスタル』の最初のあり方は花袋の『蒲団』の近くにある。近代小説は言文一致体とともに女性一人称でしか書かれ得ない、いわば仮想化された近代をも作った。そして女たちの「私」は男たちに生かされ、同時にその言語空間は男たちの批評にさらされるのである。

†太宰治「女生徒」との類似性

こういった小説の二層構造がその後どう変奏されていったかは誰かが学術論文でも書けばいい。しかしその二層性が一度、消滅したあり方を描いたのが戦時下の太宰治の「女生徒」である。主観しかない小説、感情小説の出発点と言える。

だから当然といえば当然だが『なんとなく、クリスタル』は註がなければ太宰の「女生徒」と実は極めてよく似ていることは気にしておきたい。註のない状態の田中の小説も「感情小説」に近いのだ。

朝、目が覚めた少女の一人称の曖昧な意識から始まる田中の小説は、実は註がある「女生徒」だという言い方もできる。

太宰と田中を試しに比べてみる。


あさ、眼をさますときの気持ちは、面白い。かくれんぼのとき、押入れの真暗い中に、じっと、しゃがんで隠れていて、突然、でこちゃんに、がらっと襖をあけられ、日の光がどっと来て、でこちゃんに、「見つけた！」と大声で言われて、まぶしさ、それから、へんな間の悪さ、それから、胸がどきどきして、着物のまえを合せたりして、ちょっと、てれくさく、押入れから出て来て、急にむかむか腹立たしく、あの感じ、いや、ちがう、あの感じでもない、なんだか、もっとやりきれない。箱をあけると、その中に、また小さい箱があって、その小さい箱をあけると、またその中に、もっと小さい箱があって、そいつをあけると、また、また、小さい箱があって、その小さい箱をあけると、また箱があって、そうして、七つも、八つも、あけていって、とうとうおしまいに、さいころくらいの小さい箱が出て来て、そいつをそっとあけてみて、何もない、からっぽ、あの感じ、少し近い。パチッと眼がさめるなんて、あれは嘘だ。濁って濁って、そのうちに、だんだん澱粉が下に沈み、少しずつ上澄が出来て、やっと疲れて眼がさめる。朝は、なんだか、しらじらしい。

（太宰治「女生徒」『女生徒』一九五四年、角川書店）

ベッドに寝たまま、手を伸ばして横のステレオをつけてみる。目覚めたばかりだから、ターン・テーブルにレコードを載せるのも、なんとなく億劫な気がしてしまう。それで、FENにプリセットしたチューナーのボタンを押してみる。なんと朝から、ウィリー・ネルソンの「ムーンライト・イン・バーモント」が流れている。

部屋の端に置いてある、ライティング・デスクの方に、目をやってみる。紫陽花（あじさい）の花が一本、花びんに差してある。白金台のアンチーク・ショップで買ってきた、淡い色をしたライティング・デスクの上には、なぜかオレンジ色のデジタル目覚ましが置いてある。

でも、肝心のその時刻が読み取れない。部屋が広すぎて読みとれない、という訳ではない。ひとえに、私の視力が悪いためだ。目を細めてみるが、どうにもならない。◯・

○六の視力なのだから、これも仕方がない。

（田中康夫『なんとなく、クリスタル』kindle版、二〇一四年、河出書房新社）

二つの小説とも「私の気持ち」だけしか読みとれない。「わたし」の一人称で冗舌に叙述される「女生徒」はさすがに細部のいくつかの語彙に現在の生活環境との違和が生じているとはいえ、今読んでもさほど古くないのはそこに「わたし」の気持ちがあっても特定の時代を特定する固有名詞がほとんどないからである。特に時間軸を規定する語がなく、ただ「わたし」の主観だけがある非時間的非空間的な記述からなっている。つまり「女生徒」は「サブカルチュア」文学だと言える。何故、戦時下に「サブカルチュア」文学が生まれたかはそれだけで一冊の本が必要だからかここでは説明しない。

「女生徒」と『なんとなく、クリスタル』を比べてみて面白いのは、田中の「なんとなく」が「女生徒」で用いられる「なんだか」と同義だということだ。「なんとなく」も「なんだか」も同じように目の前にある感情や事情に対して、何故、そうであるのかというプロセスの否認としてある。それでは古市ではないかと思うかもしれないが、古市にとって「何故」がなくてもシステムは存在して駆動している。

「なんとなく」であり「なんだか」あることへの追求から始まり可能になるもの（つまり

批評）を「なんとなく」「なんだか」でかわしていくという点で二つの小説の二つの語法はとてもよく似ている。

それに対して田中が一人称の「私」に示すのは「十年後」という時間軸である。

青山通りと表参道との交差点に近付いた。

ちょうどその時、交差点のところにある地下鉄の出口から、品のいい女の人が出てくるのが見えた。シャネルの白いワンピースを、その人は着ているみたいだった。フランスのファッション雑誌に載っていた、シャネルのコレクションと同じものだったから、遠くからでもすぐにわかった。

横断歩道ですれ違うと、かすかにゲランの香水のかおりがした。

三十二、三歳の素敵な奥様、という感じだった。

〈あと十年たったら、私はどうなっているんだろう〉

（前掲書）

この問いを現実に引き戻すように、巻末には出生率の低下と少子高齢化、そして厚生年金の保険料についての二〇二〇年の予測が示される。そうやってここでも註→データでこの小説をある意味で強引に現実に紐付けている。

しかし、戦時下に編纂された「女生徒」を含む女性一人称小説からなる短編集『**女性**』では、その非時間的な「私」が「十二月八日」と題された小説において突如、「皇紀」によって貫かれることは幾度も論じたはずだ。それもまた紐付けに他ならない。

きょうの日記は特別に、ていねいに書いて置きましょう。昭和十六年の十二月八日には日本のまずしい家庭の主婦は、どんな一日を送ったか、ちょっと書いて置きましょう。もう百年ほど経って日本が紀元二千七百年の美しいお祝いをしている頃に、私の此の日記帳が、どこかの土蔵の隅から発見せられて、百年前の大事な日に、わが日本の主婦が、こんな生活をしていたという事がわかったら、すこしは歴史の参考になるかも知れない。だから文章はたいへん下手でも、嘘だけは書かないように気を附ける事だ。

（太宰治「十二月八日」『女生徒』一九五四年、角川書店）

「サブカルチュア」文学における「私」が一気に「セカイ系」に転じる文学史的瞬間としてこの一節は記憶されてしかるべきだ。

「セカイ系」は「私」の輪郭を「世界」の輪郭と一致させることである。太宰と異なり田中は小説世界の「外」との紐付けに「註」や統計を示すという戦略をとった。そのような二層化で「セカイ系」に向かおうとする小説の批評性を導入する試みは田中に限ったことではない。

例えば、大江健三郎の、文学テキストを読みながら小説が進行するという小説の進行そのものが批評的読みの過程となり、二つのテキストの往復がそこで言及される小説の註（あるいはその逆）の役割を果たしているかに見える一群の小説や、村上春樹の『**世界の終りとハードボイルド・ワンダーランド**』（一九八五年、新潮社）、あるいはある年代から下にはその「影響」が自明とされている麻枝准《まえだじゅん》のゲームシナリオ、そして宮崎駿らの『**風立ちぬ**』における軍用機開発という現実と飛行機というファンタジーの階層化に至るまで、戦後文学／表現における作品世界の二層化という問題は恐らくはそれだけで一本の評論が書けるだろう。吉本隆明の『**マス・イメージ論**』（一九八四年、福武書店）も少女まんがにおける言語の位相化という立論を入口で問題としていた。

それらはいわば世界がいかにレイヤー化していったのかという議論にもなり得るのだろうが、重要なのは、それが批評として機能しているかどうかは別として、そのような「二層化」は虚構の世界を相対化する立ち位置というものを田中の最初の小説の時点では読者に提供し得たということだ。その構造によって読者は批評的に小説を読む、ということをいわば「強いられる」のである。

3　レイヤー化していく世界の小説

†webの時代に二層化の意味はあるのか

そのことを踏まえて、当初、『なんとなく、クリスタル』における「註」は電子書籍向きの書式だとぼくには思えたところに戻ろう。田中の註はバージョンごとに増補・改訂もされたから、その意味で「更新」のあり方を含めて本質的に電子書籍向きである。註へのリンクはこの小説のレイヤー的構造にふさわしい書式だと思った。しかし実際には固定された本文と註は対峙させられていて、情報空間的なレイヤー化を拒んでいる。（実際には電子書籍の電子化のタイミングの問題でそうなっただけのはずだが、そうだとしても、流通されたテキストの形に従って小説は読まれる以上、それは批評の対象になる。）

この『なんとなく、クリスタル』が、可視化した小説の背後に参照されるべきレイヤーがあるという構図は実は同時期に登場した村上春樹の『**風の歌を聴け**』（一九七九年、講談社）にも見られるものだ。村上の小説にも説明のいる固有名詞が散りばめられているが、それがわからなくても小説から伝わってくるセンチメンタリズムに差はない。『なんとなく、クリスタル』も同様に註抜きの読みをした場合、そこに案外と古風な男女の小説があることを江藤は言及していた。

しかし、註のないことで逆に固有名は意味上の空白を生む。一つの固有名が「わからない」ことで小説の快楽は損なわれないが、その「空白」への思わせぶりを村上は仕掛ける。

当時はWikipediaのない時代である。村上の小説の中の「註」のない固有名のいくつかをそれでも自力で調べれば、思わせぶりな年代や固有名が「事実」であることに気づき、その結果、存在しない作家デレク・ハートフィールドという虚構を「ある」と信じさせ、その上に全ての小説世界を位置付ける。無論、多くの読者は調べもせず信じてハートフィールドが「いる」と思い込む。つまり、「註」によって担保される批評的立ち位置が「ある」と見せかけながら、その梯子を外す、という「批評」に読者は立ち尽くす。あるいは気づかずに立たされる。

その意味では当時の村上のほうが悪質（無論いい意味で）ある。

こういった「小説」に対して小説自身が批評というもう一つの層の所在、あるいは不在を示すというあり方は小説旧世代の感覚に立ってみればやがて到来するｗｅｂによって世界が二層化し、そして無限の註を世界に付しているという光景の予兆だった、ということになるのかもしれない。だから『なんとなく、クリスタル』が電子書籍というよりはｗｅ b向きだとぼくがつい考えてしまったのは、webが現実と情報空間を二層化していくという世界像が頭の片隅にあったからだ。

しかし、そもそも物心ついて以降、webやそのデバイスが身近にある時代において、そのような驚きは当然だが無意味だ。世界は「なんとなく」そうなっていると感じているはずだ。だとすれば現在の小説はそもそもこのような二層化を仕掛けとして内在することを必要としているのか、ということが気になってくる。それが、田中の最初の小説の「註」のないものが古市の小説だとして、しかしそれがすぐに「批評」の不在と断じていいのか、というぼくの留保の当然の理由にもなる。つまり『平成くん、さようなら』が註のない『なんとなく、クリスタル』であることは歴然としていながら、そしてかつての田中において「註」が批評性を担保するものであったとして、しかし「註」のない、つまり「批評」のないこの小説が奇妙な言い方に聞こえるだろうが「間違っている」とまでは思えないのである。

†五つのレイヤーからなる『33年後のなんとなく、クリスタル』

さて、田中は『33年後のなんとなく、クリスタル』という後日譚を二〇一四年に上梓した。こちらのkindle版は本文から註にリンクする仕様となっている。しかし、この本はもう少し複雑な構成となっている。単純な二層構造ではない。世界のレイヤー化と呼応する構造とは言い難いのだ。

まず、本文から四三八の「註」へとリンクが張られている。そして更に「文庫本化に際して、ひとつの新たな長い註」が田中によって書き下ろされている。そこには何故かkindleからリンクは張られていないが、田中のホームページとおぼしきＵＲＬに「註の更なる註」がある、と付記される。

加えてこの「長い註」で言及された二つの書評と、「単行本版の十人の推薦文」が収録されている。

本文、註、註の更なる註、帯にあった十本の推薦文、書評と、それぞれ「ことば」としての位相が異質であることは言うまでもない。電子書籍を刊行する際、紙版との差別化のために追加のテキストを読者サービスとして掲載することがあるから、「推薦文」はその類かもしれない。しかし、それもやはりこの小説への「批評」であることは変わらない。それらが事情はともかく一冊の「電子」書籍の中にパッケージされている。このように「本文」以外のものは「註」も含め全て「批評」である。つまりリンクされていないＵＲＬを除いても本文と四つの層の計五つのレイヤーからこの「本」は成立している。「批評」が過剰なのである。それがぼくには引っかかる。

それらの「批評」は、本文の読みの快楽を停滞させたり、齟齬《そご》を起こさせ、あるいは江藤の言うように「社会化」させるものなのだろうか。

例えば『33年後のなんとなく、クリスタル』では「記録の円盤」の形容とともに以下のような情報が記述される。

その日本の人口は、平成二十二年＝二〇一〇年をピークに減少し始めている。今度は〝情報の円盤〟が頭の片隅で回り出した。

高齢化率とは六十五歳以上の老年人口比率を指す。七〇歳を過ぎても多くの人々が元気に仕事を続ける日本だけでなく、平均寿命が極めて短い国々を含めた地球規模での設定基準だ。7％で高齢化社会。14％を超えると高齢社会。21％で超高齢社会。これらの定義は昭和三十一年＝一九五六年、ＷＨＯ＝世界保健機関が国際連合に提出した報告書の中で示された。

（田中康夫『33年後のなんとなく、クリスタル』二〇一八年、河出書房新社）

このようにデータベース化「記憶」＝「情報」が呼び出され、「円盤」（恐らくはＨＤの比喩）が登場しなくてもこの種の情報は後半に行くにつれ本文を占拠していく。これが小説の批評性か、あるいは「社会化」なのか、という判断は保留するにしても、小説内部は、かつての主人公たちの「クリスタルな」生活と新しい政治的情報の記述に二分されている。それをさらなる註や批評や帯文が担保している。

だが何よりもぼくが気になって仕方がないのは、『なんとなく、クリスタル』の続篇でありながら語り手は「ヤスオ」であるところの「ぼく」であり、女性一人称ではない、ということだ。旧作の女性たちや、かつての語り手であった由利は登場するが、小説世界は「ぼく」としての「ヤスオ」を中心に女性たちが配置されている。既婚者となった彼女たちの夫や由利の恋人であった淳一の近況は語られもするが、しかし、本人は登場しない。淳一はこんなふうに言及されるのみでそっけない。

「ところで淳一は、どうしているの？」

ジャズを基調にロックやソウル、さらに電子音楽も融合させたフュージョンと呼ばれる領域《ジャンル》が、七〇年代後半に誕生する。僕よりも一歳年下だった淳一は大学に籍を置きながら、そうしたグループの一つでキーボードを担当していた。（中略）

「引き続きロスの郊外に住んでいるの。もう三十年近いわよね。あちらで結婚もして、お子さんが二人かな。毎年、クリスマスに写真入りのカードを送ってきてくれるわ。お孫さんも交えた一家勢揃いの」

由利と淳一の〝共同生活〟は、確か一年半余りで解消されてしまった。（前掲書）

そこでは女たちは変化し、しかし「ヤスオ」以外の男たちは変化しているかどうかさえわからない。この小説内には給仕人、つまりサーバントを選択した知人男性は登場する。しかし、小説世界は一人の男対女性多数の「源氏物語」状態、「オタク」的に言えばギャルゲー（死語か）状態である。その女子会状態に男性が一人というこの小説のジェンダー的偏りの意味するところは誰かが論じればいいが、ぼくが今、気にしているのは作者と同名のカタカナ表記の名が小説の中の批評を田中自身の批評として担保する構図になっていないか、ということだ。

註や「円盤」によって呼び起こされるものに田中の政治的社会的な活動をめぐる現実が混入する。別にそのこと自体、つまり、虚構に現実を強引に侵入させる嫌がらせのようなことは、ぼくもアニメ誌で連載していたラノベで突然一回分が丸々、リアルタイムで進行中のイラク戦争への言及だということをやったことがあるから理解する。そうやってできた裂け目が読み手を不快にさせつつ、読者を小説の外に連れ出すのだ。

だが、『33年後のなんとなく、クリスタル』で作中に配置される政治的社会的言及は小説世界に裂け目を作り得ているのか。

†読みの機能不全を招く註

田中は幾重にも「批評」を配置することで、そして、最終的に作中人物に自分の名を与えることによって、小説空間を現実の地続きにしようとする。つまり、社会化しようとする。

だが、かつて江藤淳は村上龍の『限りなく透明に近いブルー』のあとがきが作中人物のリリーに「リュウ」という作者と同じ名で呼びかけることで作中のリアリティーを支える手法を手厳しく批判したはずだ。田中がそれを知らないはずはない。

何故、田中はこんなことをしたのか。それは『33年後のなんとなく、クリスタル』を小説として読む限り致命的な弱さではないか。既に見たようにkindle版は「註」以外の作者による註、推薦文、作者に公認された批評までが収録されている。つまり、kindle版『33年後のなんとなく、クリスタル』は註を含めて「読む」のに必要な材料は全てパッケージ化されている。つまり、この小説の「読み」の「解」までが示された、それ以外の「読み」に読者を導かない仕掛けになっていないか。

これもオタク的比喩を用いるなら『33年後のなんとなく、クリスタル』は幾重ものAT

フィールドに守られていて、なるほど、エヴァに乗り込んだシンジくんにとってエヴァは文字通り「母胎」なのだから、小説世界は初号機か、と言うことになる。とにかくも、女たちと「ヤスオ」にリンクされた註を含めてその過剰な自己言及は逆にこの作品への批評的試みを成立させにくくしている。

例えば、本文↓註↓更なる註↓批評↓推薦文とテキストの外に立とうとした瞬間、それもまた次の批評によって相対化していく居心地の悪さを感じさせるならそれは優れて批評的だと言える。私たちは今や言葉を発した瞬間誰かにコメントされ、RTされ、批評はもはやマウンティングの反復でしかないと感じつつ、無限に相対化されていく。新しい田中の小説でテキストが無間地獄の如くに重なり合っていくのであれば、そこに生じるであろう不快さや目眩は「現在」の私たちの感覚に近いだろう。

だが田中の新しい本は、本文の中の政治的言及を小説外部の批評とするというよりはひたすら補強していく。確かに学術論文ではそれが註の本来の機能だ。だが、厳しい言い方になるが、外部の「読み」を拒むような過剰防衛ぶりが、この小説の目論む批評を機能不全にしてはいないか。

4　二つの社会観

†批評のない並行世界

そう考えた時、むしろ「註」を持たない『なん、クリ』としての古市の小説の位置がはっきりとしてくる。ぼくは以前、又吉直樹の『火花』（二〇一五年、文藝春秋）と芥川の同名の小説を対比して、江藤淳の批評を援用しながら前者は後者にあった他者との軋轢《あつれき》としての「火花」を発しておらず、ただ遠くから見るだけだ、と書いた記憶がある。この他者との「軋轢」は言い方を変えれば批評である。

かつて田中は小説世界に「註」を付し、二層化することでそこに「読み難さ」や「軋轢」を導入した。そして当然、そこには、そもそも小説が批評的であることは小説としてあるべきことであるという小説観が存在する。新しい田中の小説が過剰に「批評」で武装してしまった理由も善意で考えれば、そういうオールドスクールな文学観によるものだろう。ぼくもまたそういう文学観を持ちはする。

しかし、恐らく古市はそういう小説観に立っていない。

この古市の小説『平成くん、』は物議を醸したように「安楽死」が小説的ギミックで使われている。小説的ギミックという書き方をするのは、それが小説的主題となっていないからだ。

「安楽死」が小説的ギミックで、だから安楽死が作中では合法化されている。

高齢化が始まった日本社会では、自分や家族の介護や看護に不安を感じる人々が増加していて、彼らにとって安楽死の合法化は切実な問題だったのである。多くの政治家たちも安楽死に前向きな姿勢を示した。反対派は「姥捨て山の再来になりかねない」「社会保障費の削減の手段として使われる」と主張したが、世論調査でも安楽死を容認する声が多数だった。

1999年には、超党派の議員連盟が法案を国会に提出し、要請に基づく生命終結および介助自殺に関する法律、通称安楽死法が成立する。

（古市憲寿『平成くん、さようなら』二〇一八年、文藝春秋）

つまり、作中の世界は「平成三〇年」でありながら現実とは違う現実である。偶然なのか、田中の最初の小説が予見した少子高齢化がもたらす社会問題が材料になっている。これを並行世界というSF用語で説明することは恐らく無意味である。何故なら「もし世界がこうなっていたら」という仮定の中には既に明確な批評性が含まれるからである。現実とは異なる時間的な描かれ方をした世界はそのまま「現実」への批評である。例えばSFとはそういうジャンルである。

こういった枝分かれをした歴史としての「現在」を描く物語は、あるいは、フィクションの世界で流行なのかもしれない。ソビエトが崩壊しない世界を描くポーランド制作のネットフリックス配信の『1983』、ナチスと日本がアメリカを支配するフィリップ・K・ディック原作のアマゾン配信ドラマ『高い城の男』など海外テレビドラマシリーズの流行が例えばそうあるが、それらはもう一つの現在を「ディストピア」として描く。

オーウェルのディストピア小説『1984年』がまるでここ幾年かのこの国、あるいは世界への批評のようだという印象を恐らくは多くの人が持つだろうし、実際にこのオーウェルの小説はこの幾年か実によく読まれ、論じられてもいる。それらは作中がディストピアであることで現実への批評たらんとしている。

だが、これは『シン・ゴジラ』にも言えたことだが、古市の描く安楽死が合法化された世界はそもそも批評性に担保された「ディストピア」なのだろうか。

例えば安楽死のシーンを主人公たちは「見学」に行く。その光景はこう描かれる。

「チオペンタールの代わりに、質の悪いペントバルビタールを使っちゃったのかも知れませんね」

この控え室に案内してくれた斎場のスタッフがやって来て、さも他人事のように解説してくれた。薬物による安楽死は通常、鎮痛睡眠剤のチオペンタール、呼吸を停止させる筋弛緩薬のパンクロニウム、心停止のための塩化カリウムを組み合わせて実施されることが多い。アメリカの死刑執行で長年の使用実績があり、一番安らかに死ぬことができるのだという。しかし最近の安楽死人気により、チオペンタールが不足気味らしい。そこで、代替品としてペントバルビタールや、ミダゾラムとヒドロモルフォンなど複数の鎮痛剤を混ぜた薬品が使用されるが、調合の割合を間違うと今回のようなことになるようだ。

「こういうことはよくあるんですか?」

「亡くなる方が苦しむことですか。本当にもう人それぞれですね。私たちの斎場で安楽葬を始めてもう5年ほどになるのですが、ご遺族の方にはみなさん満足して頂けていますよ。ほんの数分は苦しむように見えることもありますが、法令は遵守していますし、ご本人様には安らかにお眠り頂けていると信じています」（前掲書）

安楽死が「安楽」でないケースが描かれる。しかしそこで安楽死という制度そのものは問われない。ここで描かれるのはあくまでも安楽死させる薬品の品質や制度の誤用がもたらした事態であって、それはシステムの修正によって解消できる問題である。しかし、注意すべきなのはそもそも安楽死というシステムをこの社会が導入したのか、その現実との枝分かれがいかに起きたのかについては語られないことだ。制度導入の是非でなく制度運用の問題点が語られる。

それは後述するように、これは社会学的小説の特徴だからだ。

だから、小説内に一応は社会的な問題設定が示されているという点では古市の小説はむしろ旧版ではなく『33年後』のほうに「近い」のかもしれない。

だが恐らく古市と三十年後の田中とでは社会問題のあり方が違う。古市にとってそれは既に見たようにアプリケーションの不具合に近いものだ。それは、古市と落合の炎上対談でむしろ落合が主導的に示したものだ。例えば落合は介護における痰の吸引の煩雑さや制度的障害はオープンソース化で解決する、と主張する。

自分で痰を吸引するためのオープンソースの機械が出てくれれば、医療や介護に必要なコストは下がると思うんですよ。一度それが開発されると、オープンソースの安いものが例えばAmazonで買えるようになってくる。

（落合陽一×古市憲寿「「平成の次」を語る＃2「テクノロジーは医療問題を解決できるか」」文春オンライン、二〇一九年一月二日）

この問題に限らず、落合は介護など少子高齢化がもたらす問題はアプリケーション的手段で解決できると考え、実践もしている。それは古市の小説の中の「安楽死」と同質の「解」の導き方だ。社会問題はアプリ化され社会システム内で自動的に解決される。工学的思考の最たるものだ。

†田中が描く、ハンドリング可能な範囲の「社会」

一方『33年後』ではヤスオも含めて作中人物たちは相変わらず註釈が必要なワインや食事やモードの中にある。違うのはそこにエアポケットの如き「社会」が配置されていることとだ。

例えば由利にとっての「社会」とは以下のようなものだ。

休暇を利用してボストンから訪れた眼科医の卵と技師が、都会から離れた集落を回り、一人ひとりに相応しい度数の眼鏡を手渡す。最初はおずおずと眼鏡を掛け、すると、それまでとはまるで違った視野の広がりを実感し、年齢や性別に関係なく、まさに歓天喜地の表情になる。

と同時に人々は、フレームの形状や色合いにも関心を抱くのだという。毎日、用いるのだから、それはごく自然な人間の望みだ。大きな布の上に何十種類も並べ、自ら選んでもらい、レンズをはめ込むようになった。

ほどなく主宰者は、ほんのわずかだけど眼鏡の代金を支払ってもらう方針へと転換する。そうして、それぞれの地域で手を挙げた人間に、仕事として成り立つようにと、検眼から販売に至る一連の研修を導入する。

（田中康夫『33年後のなんとなく、クリスタル』二〇一八年、河出書房新社）

ここで古市や落合が日本の少子高齢化問題を「社会」として思考の対象とし、田中が遠い世界の貧困を「社会」として描いていることのいずれかを揶揄するのはフェアではない。両者ともそこに普遍的な問題を見出している。

実際、新しい田中の小説では、作中のヤスオの知事時代、あるいは神戸震災の折の「社会」活動も回想される。

その一つ一つの活動や議論の是非については踏み込まない。そしてそれは田中の具体的な政治的見地にぼくが批判的だからではない。田中の「政治家は憲法に定められたパブリックサーバントであるべきだ」という考えは、かつてぼくが**『戦後民主主義のリハビリテーション』**（二〇〇一年、角川書店）で提示した立場にも近い。田中と一度も会ったことはないが、長野県知事時代の彼の事務所に少額だが政治献金したことがあるくらいには政治家としての彼を評価してきた。

しかし、今、論じているのは、彼の新しい小説における「世界」ないしは「社会」の書かれ方だ。小説ないしは文学がいかに「世界」や「社会」を描き、そこに批評は内在しうるのかという、文芸批評の永遠の（というよりベタな）問いをめぐってだ。

小説の中ではヤスオや女性たちのそれぞれの「社会」らしきものが描かれる。だが、それぞれがひとまとまりの大きな「社会」を構成することはない。それぞれがそれぞれのハンドリングが可能な範囲のミニマムな「社会」にコミットしているように思える。そのことがとても気になる。

なるほど、かつてのヒロインたちは「日本」をこう憂いはする。

「ほんと、日本は、どうなっちゃうのかしらね?」

由利は呟く。

「ヤスオさん、日本はちっとも変わらない。もぉっ、どうにかしてよ」と直美に〝直訴〟されてしまった、その言葉も脳裡に浮かぶ。（前掲書）

しかし、それは新橋のガード下での酔客のサラリーマン（が今もいるとして）の会話と変わらない。そして彼女たちはただ嘆くだけでなく、それぞれのミニマムな「社会」にコミットしようとしている。無論、そのような現実的な行為に意味がないというつもりも、それが偽善で鼻持ちならないと批判するつもりもない。ぼくもまた現実には、いちいち報告をしないが、いくつかのそういう選択をしている。ぼく以外の多くの人も日々を生きればその種の「現場」に遭遇する。

しかし、繰り返すが、ここでは古市と今の田中の二つの小説の描き出す世界像を問題としているのだ。いわばどちらが正確に「平成」を描き得たかということだ。

†社会工学的な社会と社会政策論

古市の小説は何故、安楽死制度が発達したのかは語らない。多くの制度が何故、実行されねばならないのかの根拠が問われないまま、まず制度がつくられる。無論、そのような「現実」に対しての批評は古市にはない。そこが古市の批評家としての弱さであり、官僚の受け売りを本のプロモの対談で話すから炎上もする。しかし、その一方でこの小説の中では、社会は制度のつくり変えによって根本的に更新可能な世界として描かれている。

従って作中では、「安楽死」を求める人々の「ニーズ」に従って新しいOSなり、アプリとしての安楽死制度を導入し、そして作中では運用とバージョンアップに向けた検証が行われている最中といった印象だ。

「ヤスオ」たちは目の前の小さな「社会問題」が大きな「社会」の問題の一部であることを知らないわけではない。むしろ古市よりははるかに深く知っている。そして、社会システムの書き換えは現実には困難であり、できるのは徒労に近い目の前に割り振られた問題解決であることも知っている。

しかし古市の小説は常に世界はOSそのものを入れ替えるバージョンアップによって全体が修正できる社会として疑われていない。

つまり古市の「世界」は社会工学的な社会なのである。それに対して田中の小説は社会政策論だと言える。しかし社会政策は「ヤスオ」によってのみ立案される。政策ビジョンが「ヤスオ」によって語られ示され、その個別の実践をかつてのヒロインによってそれぞれの場所で行う。ジェンダー論的にバイアスのかかった中央集権に思えもする。しかし、当然だが、古市の小説世界ほどに簡単に世界は更新されない。

そもそも、古市の小説は思考実験に近い。「設問」を入力し「解」を得る。

ただこの時駆動するエンジンが、説話構造であることは、炎上した落合陽一との対談で**「ある面白い神話が世界中に伝わって、それが地方ごとにローカライズされていく。そう考えると、面白い物語というのは、時間と距離を超えて残り続ける。その意味で物語の可能性はすごく感じる」**と古市が説話構造の普遍性に言及しているところから判断できる。村上春樹や中上健次が近代文学を食い破るために無理やり物語に回帰しようとしたのとは全く異なる気軽さだが、「物語の可能性」云々は別として、物語の応用工学的小説であることになんら衒《てら》いがないのは注意しておきたい。

†西部邁を描く古市の「心なさ」

古市の世界と田中の世界の違いは、問題解決に伴う「軋轢」の有無である。古市の世界では軋轢はアプリの不具合ですぐに新しいバージョンに更新しうる。田中の新しい小説では、軋轢とは社会システムと個人の軋轢であり、それは「私の葛藤」として現われる。だから「ヤスオ」はその社会と私の葛藤をそれぞれに抱えた、かつてのガールフレンドたちにいわば感情労働的に奉仕し、慰撫する役割であるようにも思える。ヤスオは料理を取り分けつつサーバントとして奉仕する。

古くから醍醐で働いている年輩の女性が、香の物を運んできてくれた。話を聞きながら僕は菜箸で手塩皿に取り分け、由利の前の折敷に置く。
「そうなのよね……。ワクチンのこと、眼鏡のこと。私が直面していることも、きっとそうなんだわ」
(前掲書)

ぼくにはかつてパブリックサーバントたらんとした田中が元恋人たちの感情労働者となっていることが気になる。何だかミニマムな感情天皇制に思えてくる。

ところが、古市の小説はこの点で、つまり作中で「現実の問題」に直面する者の感情に対しては至って無神経である。

例えば、古市は作中人物としての西部邁にこういう書き方をする。

つい一昨日、TOKYO MXが死を決意した西部邁のドキュメンタリーを放送して話題になっていたが、さすがに最期の現場までは放映されなかったはずだ。

思い立って検索してみると、臨終の瞬間をPeriscopeで中継したり、動画をYouTubeやTikTokにアップロードしている人は、それなりの数がいるようだった。

（古市憲寿『平成くん、さようなら』二〇一八年、文藝春秋）


作中には様々な実在の人物と同じ名を持った人物が登場する。「西部邁」は作中では自身の安楽死をテレビで放送させたことになっている。現実の西部邁がその著書の中で繰り返し自死を予告し、そして関係者の自殺幇助によって自死した。それを当然踏まえ、もし、安楽死が合法化された世界なら西部が番組を持っていた東京の地方局がきっとそのプロセスをドキュメンタリーで撮るだろうという「if」が示唆される。

これはあまりに心ないい。個人的には不快だ。

何故ならぼくは西部の自殺予告めいた文章を危惧し、急いで死ぬべきではないという書評を書いたが（私的な交流はないし、仮にも批評家同士だからそれが礼儀だ）、掲載される前に彼は自死してしまったからだ。ぼくは自殺予告めいた文章を平然と刊行した、いくつかの版元のたかをくくった感じも（つまり、まさか死なないだろうという舐め方）、その死を何か思想家としての美徳だと讃えるような言い方も、ともに不快に思うのは、古市の「ｉｆ」と同質の「心なさ」を感じるからだ。ぼくはほとんど縁もなかったとはいえ、自死の少し前、突然、どうしたわけか彼の主宰する雑誌に呼ばれ、「大塚くん、こんなになっちまったよ」と手袋をした動かぬ手を見せつつ、しかし、闊達《かったつ》に語りもする生身の彼を刹那でも知る。だから感情的になる。このような「もし世界が安楽死を認めていたら」という「ｉｆ」のシチュエーションの中に現実に存在した死者を配せる古市のこの書き方を不快に思う。

しかし、恐らく、古市はそう思わないだろう。

それは古市が感じる世界においては、西部の「生きたい」のありふれた逆説としての「死にたい」という「我執」は、システムの運用にあってはそもそも変数の中に算入されないものだからだ。だから物議を醸した安楽死発言も、人間の尊厳が軽んじられていることに「悪気」というものが全くない。

古市　財務省の友だちと、社会保障費について細かく検討したことがあるんだけど、別に高齢者の医療費を全部削る必要はないらしい。お金がかかっているのは終末期医療、特に最後の1カ月。だから、高齢者に「10年早く死んでくれ」と言うわけじゃなくて、「最後の1カ月間の延命治療はやめませんか？」と提案すればいい。胃ろうを作ったり、ベッドでただ眠ったり、その1カ月は必要ないんじゃないですか、と。順番を追って説明すれば大したことない話のはずなんだけど、なかなか話が前に進まない。安楽死の話もそう。2010年の朝日新聞による世論調査では、日本人の7割は安楽死に賛成している。それにもかかわらず、政治家や官僚は安楽死の話をしたがらない。

落合　安楽死の話をすると、高齢者の票を失うと思ってるんですかね？

古市　本当はそんなことないと思うんだよね。なぜなら、今の60代や70代は自分の親世代の介護ですごく苦労してるんだよね。そういう65歳の人は、定義上は高齢者ではあるけれど、もしかしたら安楽死には肯定的かもしれない。65歳以上を一緒くたに高齢者と捉えると、見誤ってしまうことが多い。橋田壽賀子さんは92歳で『安楽死で死なせて下さい』という本を出したけど、死にたいと思っている高齢者も多いかもしれない。この超高齢社会で安楽死や延命治療の議論は避けては通れないはず。

（落合陽一×古市憲寿「「平成の次」を語る＃2「テクノロジーは医療問題を解決できるか」」

文春オンライン、二〇一九年一月二日公開）

ここで二人が論拠とする、終末期医療が医療コスト全体を引き上げているという「問題」そのものが説得力に欠くものだという指摘がそもそも可能である。しかし、古市の小説の中では「終末医療問題」は制度設計、つまり、アプリケーション開発と更新によって解決される類のものだ。それはつまりは世界がOSに過ぎないからである。いや「過ぎない」という語の中に含まれるニヒリズムはそもそも不成立なのだ。念を押すがそういう世界を古市は書く。

†宮崎駿が見た川上量生の「心なさ」

ぼくは彼を擁護はしないが、その「心なさ」が説明できないわけではない。

古市をめぐるこの「炎上」で思い出すのは、ニコニコ動画（というよりはKADOKAWAの、というべきか）川上量生が宮崎駿にNHKのドキュメンタリー番組でこっぴどく「叱られた」事件だ。一度、別のところで書いたが、読んでいる人もいないだろうからもう一度書く。

川上は自分の会社のAIがつくり上げた、人間のような形をした何かが、這うように移動するCGアニメーションを宮崎に見せたところ、激怒された。
そのやりとりは以下のようなものであった。

川上　頭を使って移動しているんですけど、基本は痛覚とかないし、頭が大事っていう概念がないんで、頭を普通の足のように使って移動している。この動きがとにかく気持ち悪いんで、ゾンビゲームの動きに使えるんじゃないかっていう、こういう人工知能を使うと、人間が想像できない、気持ち悪い動きが出来るんじゃないか。

宮崎　あのう、毎朝会う、このごろ会わないけど、身体障害の友人がいるんですよ。ハイタッチするだけでも大変なんです。彼の筋肉がこわばっている手と、僕の手でハイタッチするの。その彼のことを思い出して、僕はこれを面白いと思って見ることできないですよ。これを作る人たちは痛みとかそういうものについて、何も考えないでやっているでしょう。極めて不愉快ですよね。そんなに気持ち悪いものをやりたいなら、勝手にやっていればいいだけで、僕はこれを自分たちの仕事とつなげたいとは全然思いません。

極めて何か、生命に対する侮辱を感じます。

川上　これって、ほとんど実験なので。世の中に見せてどうこうと、そういうものじゃないです。

（「宮崎駿監督、ドワンゴ川上量生会長を一喝「生命に対する侮辱」」HUFFPOST、二〇一六年一一月一四日公開）

宮崎にとってそれは「心ない」差別的表現に映ったわけだが、ここには両者の根本的な「表現」観の違いがある。川上にとってこのCGはプログラミングに対してある条件を与え、それが導き出した「解」である。しかし宮崎にとってアニメーションの動きをつくる、ということとは現実の側にある事象の何らかのカリカチュアライズ、つまり「批評」としてある。そうである以上、表現には参照される「現実」が存在する。しかし川上にとって「解」に対して参照される何か「現実」があることが思いもよらない。

ぼくは田中のかつての小説が既に見たように、江藤の批評への「解」としてあったとすれば、実はあの小説には江藤が感じた批評性は成立しないことになりはしないかと今は考える。少なくともそういう弱さはあの小説にはある。

話を戻すと、古市が描こうとしている「世界」は川上のCGのプログラミングに似ている。表現が何かの「解」である限り、それは現実と軋轢を起こし得ない。

すると田中の今の小説が、モードを消費する生活を彼らが続けながら、そのことで一切、誰も揺らいでいないのが気になる。一人ぐらい絶望的な現実の前に心を病んで自殺したりホームレスになったりしていてもいいのに、というのは言いすぎだが、かつての小説でひどく不安定に見えた小説の内部世界が、現在の、「現実」に対して揺らがない程度に充分に強固であるのは何故なのか。

5　私という問いの消滅

†年金にも介護にも不安のないクリスタルな生活

ぼくにはその「強固さ」がこの国の、もう一つの「現実」に見える。ヤスオらを富裕層と非難するつもりもないが、アベノミクスのもたらす「豊かさ」を確かに享受している人たちがいることは想像がつく。他方でそうでない「現実」もあって、それぞれが強固に動かない方向に社会は進んでいる。田中には言いがかりに聞こえるかもしれないが、かつての小説は、作中の「クリスタルな」生活がどこか「虚」であると作中人物は感じ、しかし、その刹那が永遠に続けばいいのにと願うことで青春小説たり得た。その危うさ脆さをすくいとったことに一番本質的な批評性があった。

しかし、新しい田中の小説世界にあっては、ミニマムなそれぞれの「社会」は、「クリスタルな現実」と異なる位相にある。レイヤーが異なることで「クリスタルな現実」は決して食い破られることはない。そういうふうに読めてしまう。

かつての田中の小説が最後に少子高齢化の予測統計を示し小説を「社会化」しようとしていたことに触れた。しかし、かつての田中の小説でヒロインの「私」を世界に担保するのは実は淳一との性的な関係であることは確認しておこう。

> 幾ら私が一人でがんばっても、その感じを得ることはできないのだった。一人で乳房をもみ、私の小さな丘に刺激を加えても、そうして得られる快感は、淳一が与えてくれるものに比べたら、ちょうど、ウサギの肉を赤ワインでなく白ワインで煮込んだフランス料理を、食べさせられた時のように物足りないものだった。
>
> (中略)
>
> おたがいを、必要以上には束縛し合わずに一緒にいられるのも、考えてみれば、経済的な生活力をおたがいに備えているからなのだった。淳一によってしか与えられない歓

びを知った今でも、彼のコントロール下に〝従属〟ではなく、〝所属〟していられるのも、ただ唯一、私がモデルをやっていたからかもしれなかった。

だから、いつまでたっても私たちは、同棲でなく、共棲という雰囲気でいられるのだった。

いつも、二人のまわりには、クリスタルなアトモスフィアが漂っていた。

（田中康夫『なんとなく、クリスタル』二〇一四年、河出書房新社）


淳一に「所属」することと、太宰の「女生徒」的自意識が皇紀に「所属」することは「私」の担保のあり方として果たして異なるのか。同じではないのか。

もう一度、この点に注意して、『33年後のなんとなく、クリスタル』を見る。その註や資料による「紐付け」の部分が肥大しながら、しかし、作中人物たちは「年金」に不安は感じず、介護問題もない。点在する「社会」に「クリスタル」な生活を持続しながらコミットする余裕がある。

嫌味な言い方だが、田中の今の小説でも言及される湾岸戦争での文学者の声明の裏方だった編集者の一人は、両親の介護のため故郷に帰った。ぼくたち（田中とぼくは同世代なので田中を含む意味で）は、もうそういう年齢なのだ。だから自分の生活に不穏なところはなく、「ここ」ではない手頃な大きさの「社会」にコミットできるのはやはり特定の階層の話になってしまう。

その時、「クリスタル」な生活というのは単にモードの気分による消費ではないことを思い出さずにはおれない。かつて田中の小説は「クリスタル」の意味をこう記している。

「クリスタルか……。ねえ、今思ったんだけどさ、僕らって、青春とはなにか！　恋愛とはなにか！　なんて、哲学少年みたいに考えたことってないじゃない？　本もあんまし読んでないし、バカみたいになって一つのことに熱中することもないと思わない？でも、頭の中は空っぽでもないし、曇ってもいないよね。醒め切っているわけでもないし、湿った感じじゃもちろんないし。それに、人の意見をそのまま鵜呑みにするほど、単純でもないしさ。」（前掲書）

つまり、「クリスタル」なあり方というものは「私」という問いを留保したまま「私」を無根拠に担保する、という生き方である。このくだりを高橋源一郎は近代文学批判である、と評価するが、それは高橋の芸としての誉め殺しのようなものだ。確かにかつてポストモダニズムが喧伝されていた時代に、いずれ私たちは「私」と「社会」という面倒な問いから解放されるはずだと喧伝された。

†「私」という不安に苛まれない彼女たち

田中の新しい小説でも、その後の「彼女」たちはクリスタルな生き方をしている、つまり「私」という不安に苛まれない者たちとしてある。

だから「不安」という語は例えば以下のように使われる。

通常の医学的見地では、疼痛は二週間以内に軽快される。それを超えて疼痛または運動障害の症状が持続している場合は、身体の不調として痛みや緊張、恐怖、不安等が表出された「心身の反応」の慢性化と捉えるべき。

「ヤスオさん、私ね、最近、買い物へ出掛けるたびに不安を感じるの。もしかしたら東京の中心部も、限界集落になりかけているんじゃないかしらって」

江美子は、南青山三丁目の交差点脇にあるスーパーマーケットの名前を挙げた。

（田中康夫『33年後のなんとなく、クリスタル』二〇一八年、河出書房新社）

つまりこれらの「不安」は社会問題を記述する情報の中に出てくる語であったり、「社会」や「日本」に対する公的な不安である。「心」の不安は描かれるが、それは彼女たちの不安ではない。子宮筋腫予防ワクチンの副作用で苦しむ少女たちの「疼痛」を理解しない国への公的な憤りである。

つまり三十年後の今の彼女たちは「私」であることの「不安」に相変わらず、怯えていない。多少、メロドラマ的にヤスオによろめくキャラクターがいるぐらいである。そして、女たちはヤスオの前でそれぞれの「社会」を語るが、それを担保するのはヤスオという男であるという構図は変わらない。前の小説で淳一が性的に担保した「クリスタルな」生活を今は「社会」とセットでヤスオが、すでに見たように感情労働的に担保する構図になっている。

しかし、それぞれの「私」は「社会」を見出しているではないか。つまり、社会化されているではないか、という反論は可能だ。なるほど、そう小説は読めなくもない。

文庫本巻末に収録された大澤真幸《まさち》が書評でこう論じていることが作者の期待する「読み」であることは、「新たな長い註」にこの書評への言及があることでうかがえる。

大澤はこう言う。

理念は、「もとクリ」の時点ですでに死んでおり、それを墓場から連れ戻すことはない。現実へのコミットメントの通路となっているのは、いくつもの「小さな善」への意志である。大きな理念を放棄して、美的・感性的な快楽への自由に逃走していた者たちが、理念が去ったあとに残っていた大きな空所に、いくつもの小さな善を見出し、現実へと回帰してきている。

（大澤真幸「解説にかえて　静かな感動」、田中康夫『33年後のなんとなく、クリスタル』二〇一八年、河出書房新社）

つまり、見出された「社会」は、個々の小さな「善意」で購える程度の「現実」であり、それは「クリスタルな」「私」の身の丈にあった「世界」である。壮大な「世界」と「私」を一致させる表現をセカイ系と揶揄するが、しかし、ミニマムな「世界」と、「私」を懐疑しない「私」の大きさがぴたりと合う「世界」の一致する文学を何と呼べばいいのか。

その「名」はともかく「小さな善」を見出した場所とは、大澤は明らかにしていないが、「理念」つまり「近代」が去った後で人々が撤退していった先の場所ではないのか。

†小さな善で購われる世界

そして、ぼくにはこの「小さな善」によって購われる「ミニマム・セカイ」を様々な立場の「批評」が同時多発的に見出していることがとても気になる。

例えばハルマゲドンで世界が消えるはずが、消えなかったので「私」を自殺で消去せよと負のセカイ系のあれほど雄弁な語り手だった鶴見済《わたる》は、今はこう語る。

日本の昔の村では力を合わせないとできないことばかりでしたし、共有物も多い。みんなで使う林の保全、道の補修などは共同でやるしかありませんでした。それを、ユイ・モヤイ・テツダイと、三つに分けて説明されたりします。

ユイの例としては、人の手で田植えをしていた頃には数軒でグループをつくり、共同作業として順番に手伝い合っていました。モヤイは、共有林や海岸など共同で利用している場所（入会地）や、道路や水路のような場所の手入れなどの共同作業をみんなでやることです。ユイは交換労働、モヤイは共同労働と言えるでしょう。テツダイは、葬式や結婚式など一方的な支援です。

（鶴見済「シェアリングエコノミーと互酬の世界の仕組み」『社会運動 No.433』二〇一九年、

市民セクター政策機構)

別に彼が「結」というムラ社会の共同労働を論じることを揶揄するつもりはない。彼もまた小さな善で世界を購おうとしている。その善意を否定はしない。しかし、鶴見も認めているように、このような「シェアリング」経済は最もアプリケーション化されやすい世界である。

西部邁の最後に見出した「保守」もこれに似ている。

こうした商品という名の帝王の独裁から逃れるにはどうすればよいのか。そう簡単に妙案が浮かぶわけもないが、今世界各地で起こりつつあるのは、スモール・コミュニティ(家族や地域社会などの小共同体)のゲマインシャフト(日常生活)を安定化させるべく新商品に安易に飛びつくという生活態度を改める、というやり方である。それは国民の生活意識をプログレッシヴ(革新的)なものからコンサヴァティヴ(保守的)なものに変えることであるから、いわば現代の技術文明(文化なき文明)にたいする静かな反乱と呼ぶべきであろう。その反乱がアメリカのトランプ大統領、ロシアのプーチン大統領、イギリスのメイ首相そしてフランスのルペン大統領候補などによって打ち出されているナショナリズムの運動なのである。

（西部邁『保守の真髄――老酔狂で語る文明の紊乱』二〇一八年、講談社）

「保守」がまるでヤマギシ会のように思える。

しかし、何より例えば鶴見が自死のススメから何故か「生きよう」に転じ、西部が逆に人の手を借りて周到に計画し、ブイさえ付けて、その意味でチューブに繋がれた人工的な生の「陰画」でしかない「死」を選択した時、何か「私」をめぐる問いは消えてしまったようにぼくには思えるのだ。

このような、彼ら、つまり、田中や鶴見や西部のように「私」という問いの不在、あるいは、消滅をミニマムな世界との同一化で購う、というのが予告されたポストモダンの結末なのだろうか。

柳田國男の孫弟子であるぼくは、彼の学問が出ていこうとした場所、つまり「ムラ」に近代という宿題を放り投げて戻ることは釈然としない。かつてその小さなムラはまさに「他者のいない」小さな補完計画の世界だったはずではないか。

6　平成くんの達成と間違い

†『平成くん、さようなら』に現れた「なんとなく」

最後にもう一度、古市の小説に戻る。

古市は、工学化した世界で「心ない」表現を繰り返す。しかし、そこで本当に「私であることの不安」は書かれていないのか。

実は、この小説に一カ所だけ「なんとなく」という語が出てくる。

「どうしたの、急に」

「うん、なんとなくね」

うまく言葉にはできなかったが、私はおそらく母に、平成くんの状態を見極めて欲しかったのだと思う。私には彼が精神的におかしくなって死を望んでいるようには到底見えない。しかしそれは、彼と長い時間を共に過ごしすぎたせいだとも感じる。

（古市憲寿『平成くん、さようなら』二〇一八年、文藝春秋）

平成の終わりとともに安楽死したいという「彼」への、飲み込んでいて言語化できないヒロインの不安が「なんとなく」という語で形容されているではないか。

かつての田中の世界にとっては「なんとなく」あることとは「クリスタル」な世界において障害となるものをスルーすることを意味する。だから「註」や「読点」で、小説の外部で、それを「批評」する必要があった。しかし古市は、「なんとなく」の語によって、彼の描く工学的に心地よいはずの世界を一瞬だけ停滞させる。まさに「不安」の所在を浮び上がらせる語として「なんとなく」を用いる。

だから「私」と一緒に「彼」にあった私の母は「平成くん」の欠損をこう表現する。

デザートの甘点心が運ばれてきたタイミングで、平成くんが次の仕事へ向かうために中座することになった。母は笑って彼を送り出す。彼が個室の扉を閉め、スターアニスからも出たのを確認してから、母は笑顔をさっと消し、険しい顔になった。

「右上4番、左上4番がなかったわね。あと多分、右上5番も。彼、大丈夫なの?」

（前掲書）

これは「平成くん」の歯がいくつも欠けていることの指摘なのだが、それが何の寓意であるかは言うまでもないだろう。

このような「彼」の欠損を明晰に書いたことにぼくはこの小説の確かさを見ないわけにはいかない。

そもそも「欠損した私」への認識がなければ小説など始まりようがないのだ。

だとすると、「註」をとり払って、かつての田中と今の古市の小説を比べた時、もし、小説世界に停滞や軋轢を起こさせることで、読者の読みの快楽を壊すことが小説のあり得べき「批評」だとしたら、どちらが批評的なのか明らかである。田中は「なんとなく」あることで問いを迂回し、古市は彼が一旦、迂回した問いの所在を少なくとも「なんとなく」そこにあるものとして感じる。

ぼくは以前、一部のライトノベルズの中にある「社会学」性が気になって文章を書いたことがある。実際に社会学者である古市によってこの小説は書かれているが、この場合の社会学的とはこれまで見てきたように世界をシステムとして記述することだ。しかも既に述べたように、そういうメカニズム的世界が人を苛み、実存が損なわれているとは古市も「彼」も感じない。むしろ実存をめぐる問題の解として社会学的システムを描く。

だが、そのことは、そのような世界にこの世界が半ばなりかけていることの忠実な反映である。田中の「クリスタルな世界」から小さな「社会」を善意で購う世界より、田中や鶴見や西部が嫌悪する工学化した世界のほうがぼくのこの国、この世界への日々の実感に近い。ここ何年かでパスポートにこの国の外の何十もの空港のスタンプが押される日々を送っていても尚、そう感じる。

†すり替えられた「自死」と「安楽死」

確かに古市の「心なさ」は大きな間違いを犯している。

この小説に問題があるとすれば恐らく以下の点だ。

古市の小説では優生思想的な、そして経済効率に基づく終末期医療のコストカットとして「安楽死」は言及されるが、しかし、実際に主人公が主張するのは「安楽死」という名の「自死」をする権利である。権利、というとむしろ大層すぎるが、作中で「安楽死」が公認である仮定で例示されるのは父親からレイプされ自殺を試み、未遂の結果、全身不随となり、それで「死」を求める事件や、「安楽死の許可が下らなかった当時25歳の青年の焼身自殺」であって、実は、終末期医療という文脈から外れている。

古市の小説に少し先行して沖方丁《うぶかたとう》『**十二人の死にたい子どもたち**』(二〇一六年、文藝春秋)が「安楽死」をテーマにしたとされたが、これも実際にはネットで知り合った者の集団自殺である。そこでは遺伝病を持って生まれたキャラクターが自分のような被害者をつくらないための「不妊報酬制度」なるものを主張する。しかし、それは「貧困層」の問題解決としての報酬による不妊手術制度の創設を訴えるために「安楽死」を主張する、というストーリーで本来の「安楽死」問題とは微妙にずれる。この主張は、一応は作中の他の者に否定はされるが、そう主張した少女は生き延び、自殺サークルの主宰者の側に加わるような予感が残される。

このような「安楽死」と「自殺」と同一化するミスリードが何故、二つの小説で繰り返されたのか。

古市は炎上した対談で、終末期医療のコストカットとしての安楽死というロジックに官僚のサゼスチョンがあったことを認めているのは先の引用で見た。だとすると、「自死」を「安楽死」と言い換え、かつ終末期医療のコストカットの議論に持っていくという「ストーリー」(無論、小説の話ではない)が、同じ版元の前後して直木賞と芥川賞の候補になった小説に書かれていることは全くの偶然なのか、と気にはなる。古市は社会学者だが、システムの記述者であって政治家ではないからこの点で無防備だ。その無防備さと工学的心なさが川上と同様の「炎上」の原因であろう。ミステリーもまた工学的小説だから社会工学的思考が侵入しやすい弱点を持つ。動員の装置に使われることに今少し慎重であってほしい。

そういう彼らが選択した小説のあり方の弱点に、まさに「批評的」でないところの古市らは小説のつくり手として責められるべきだ。

しかし、その一方で、この小説が「私」の不安を留保し切れていないという点で、実は近代小説的な問いをかろうじて継続している点は評価すべきだと考える。だからこそその「終わり」をまがりなりにも描こうとしたとも言える。そのことは、ぼくがこの小説に小さな共感を持つ充分な根拠となってくる。

†工学的に置き換えられる「私」

古市の小説で「彼」が最終的に選択するのは「安楽死」ではなく永遠に生きることである。

彼はグーグルホームのようなＡＩと音声発生システムを組み合わせたような装置をつくり、そこにｗｅｂやＳＮＳを含めてそれまで彼が発語した全ての「ことば」を学習させる。「りんな」がもっと進化して「平成くん」に特化したバージョンだ、とでも言えばいいのか。

このＡＩは「彼」そのものである。

だから「彼」のようにしゃべる。

初音ミクと同じで、合成音特有の発声方法だが、注意しなければわからない。しかも、スピーカーは、さも平成くんが言いそうなことを答えた。

「ねえ平成くん、このスマートスピーカーを3ヶ月かけて作ってたの?」

「そうだよ」

「そうだよ」

本物の平成くんと、スマートスピーカーが同時に答えた。

「「想定外」という言葉が、珍しい事象を指して使われるように、僕たちは普段「想定」の中を生きている。僕の行動も、ほとんどは「想定内」のはずだ。「想定」は僕のアーカイブから構成される。そして幸いなことに、僕は人よりも多くのアーカイブを残してきた。個人的なLINEやメールはもちろん、本やテレビ、ツイッターで、たくさんの言葉を発信してきたからね。

しかも、僕はある程度理知的で、論理的な人間だ。だから機械学習で僕を再現することはそれほど難しくないんじゃないかって思ったんだよ。実際は、松尾さんたちにはかなり無理をさせちゃったけどね。実はスマートスピーカーは急ごしらえで、まだまだア

ップデートしなくちゃいけないんだけど」（前掲書）

「彼」の「私」はもともと工学的だからより容易に工学的に置き換えられる、という。それは古市の、あるいは工学的世界を生きる川上らの自己像かもしれない。繰り返すが、そこに「彼」の工学化されることの「痛み」は表明されない。

しかも「彼」は幾年後かまでの刊行予定の新作の原稿を用意した。つまり「彼」のように話す「AI」がいて「彼」の書いたものが刊行されれば永遠に生きるかはともかく、その永き不在は相応に購える。

このくだりにぼくは実は苦笑いした。

それはこの何年かのうちで、ぼくは一年近く体調の問題でほとんど仕事ができない時期があったからだ。ぼくの体調不良に気づいた時点で連載の打ち切りに出版社が入ったこともあって、ぼくはそうされないようにあらかじめ書きためてあった原稿を、家族を通じてぼくのメルアドから出版社に順に渡し、そして、自分では全く手を出さなかったSNSを始めた。

身動きがとれず、自宅から数百メートルの仕事場にもう一度、歩いていけるのかと思う日々でも、指と音声入力の「口」は幸いにも動く。東京にいても北京の写真をTwitter

に上げれば、「そこ」にいるように見える。言うまでもないことだが、SNSでのつぶやきが「ぼく」に見えてもそれを保証する者は誰もいない。実際、代筆されたものも数多あった。だから定期的に刊行される「本」とSNSの更新があれば、実のところ、ぼく自身が仮に死んでいても生きているように見えるはずだし、実際に何事もなく元気に見えるはずだ。今は今で、ｂｏｔともＡＩともつかぬ Twitter のプログラムをつくってもらって、それが自動生成するプロットをシナリオにしてまんがをつくっている。ＡＩ原作者だとうそぶき、一人で「ぼく」という作者の消滅をおもしろがっている。

そういったぼくの「気分」は実は古市の「彼」のほうにずっと近い。

無論、ぼくは現実的な政治的選択や社会的活動においては「近代のやり直し」しかないと柳田國男を援用して説く。しかし、どこかでそれが崩れ去った場所に立ってみたい、と願う自分がいる。

†男が用意した「私」からの開放

古市の小説の「彼」は、自分は工学的なことばを生きるから工学的な私と置き換え可能だという。それはかつて田中が「私」を留保したよりもはるかにポストモダン的である。「私」の留保はそれを突き詰める面倒な「近代」の「保留」に他ならない。だが古市は違う。「私」という問いが不成立なのではなく、「私」そのものをＡＩに委ねてしまうのだから。

無論それはＳＦの歴史に限ってもさほど新しいアイデアではない。しかし同時にＳＮＳやＳｉｒｉやグーグルホームと生きる私たちの日常においては絵空事とは言えない近さがある。

小説の最後で残された「私」は本物の彼なのかＡＩなのかわからない「彼」に向かって話しかける。

「ねえ平成くん」
「ねえ平成くん、今日はいいタイミングだと思うんだ」
「そうかも知れないね」
「ねえ平成くん、何だか悲しいね」
「そうだね」
「ねえ平成くん」
「ねえ平成くん」
「ねえ平成くん、さようなら」

「うん、またね」
私はスマートスピーカーをコンセントから抜き、その上にほどいた花束をバラまいた。遠くから花火の音が聞こえたような気がする。だけどこの暗い部屋の中からは、いつ平成が終わったのかまるでわからなかった。
（前掲書）

そこには「他者」の回避でも消去でもなく、ただ「他者」への断念がある。ヒロインである「私」は「平成くん」の「私」の残滓を安楽死させる。それは近代的個人として「考え」、つまり「私」を持とうとした平成天皇の象徴的な安楽死の比喩となっていることは最初に記した通りである。

『新世紀エヴァンゲリオン』で世界の全てがなくなった後で、それでもシンジくんの前には「他者」としてのアスカがいた。けれど、ここでは「他者」さえいない。そういう孤独な「個」がある。

こうして「私」は「彼」の「所属」から離れる。つまり、男の用意した「人工的」あるいは「クリスタル」な世界の圏外に自分の意思で出る。まるで**『人形の家』**のノラのように、と言うと笑われるかもしれないが、田山花袋から田中康夫に至るまで「女性一人称の男の小説」が女性の「私」を支配した近代の小説の歴史や、それが女性の近代を担保することだという江藤淳の錯誤から、古市はその意味で「私」を解放した。その点で、意外にもこの小説の結末はジェンダー論的に正しいことになる。成る程、古市は上野千鶴子の弟子だった。

古市は「近代小説」を特権的に支えてきた男たちの「私」をまるでポストモダニストのように情報論的に消して見せた。「私」はそうしてようやくフェアな「近代的個人」となり、恐らくはようやく「他者」と出会うかもしれない。そのための自己犠牲として「彼」は情報論的「安楽死」をしたことになる。工学的世界は自分の工学化した「私」は消せても「近代的な個人」というものは消せない。古市にとって小説を書くという行為は、川上にとってのAIによるCGがそうであるように思考実験であるはずだ。川上が奇妙な動きをする身体を彼の思想とは別につくり出してしまったように、古市の小説は彼の政治的立ち位置や人間性とは無縁に「善きもの」を生み出している。

古市の発言の多くは容認できないし、テレビで彼の顔を見ると不愉快だ。小説の中でもその周辺でも多くの倫理的間違いがある。彼の現実における工学的・応用社会学的な世界設計や政治的選択はぼくと恐らく一致しない。しかし、小さな善のコミュニティに撤退していくのではなく、「個」である「私」とその消滅をも描いたという一点で、評価しないとぼくがこれまで言ってきたことと矛盾してしまう。

だからぼくは「想定外」に（本当にこの本を書き始めた時点では田中の今の小説を「評価」し、古市を「批判」するつもりだった）彼の小説を肯定する。

短い終章

天皇のいない国をつくる

明仁天皇の「お気持ち」を受けてコメントを発表する安倍晋三首相
（2016年8月8日／毎日新聞社）

1　シンプルな結論

庵野秀明は「天皇のいない機械的新世界」を、古市憲寿は「平成天皇の安楽死」を比喩的に描いた、と結論しても、当然だが、論じられた彼らは困惑しかないだろう。

だが、彼らの作品は、「他者としての天皇」を「美」としてしか描けなかった三島や、「他者としての天皇」の消去に腐心した石原慎太郎や、セカイ系としての純粋天皇（つまり感情天皇制のアーキタイプ）を描いた大江健三郎らによる一群の「不敬文学」と、平成天皇の結婚と退位という時間を跨ぎながら、呼応しているように僕には思える。庵野や古市が無自覚に描いたのは、セカイ系としての天皇制の終わり、感情天皇制の「安楽死」として理解できる。

最後にもう一度確認するが、「感情天皇制」とぼくが呼ぶものは、つまりは、私たちが近代的個人になり、そして、その上で公共性の形成に責任を持って参加する、と書くと難しそうだが、要は選挙という民主主義システムを正しく機能させていく前提としてあるべき姿への「サボタージュ」がもたらしたものだ。つまり、「感情天皇制」とは近代のサボタージュだ。

それは、私たちが「個人」になることを面倒臭がっている、もしくは、恐れているからだ。それに尽きてしまう問題だ。

†「男による女性ビルドゥングスロマンへのサポート」問題

庵野秀明が前世紀、『新世紀エヴァンゲリオン』で、人間が他者性を消去した世界へと向かおうとする人類補完計画を描き、ぼくはTVシリーズで家族や仲間の「絆」にひどく安易に回収される様を批判したが、その後、彼は本書でもさらりと触れたように、世界の果てで「他者」としてアスカから拒まれるシンジくんを描いてみせた。それはまるで山川方夫の死の間際、江藤淳が垣間見たと感じた、「他者としての妻」の痣のある顔のような表現だった、と今も思う。

だが、「他者としての妻」に驚愕した江藤は、女たちの近代の奇妙な擁護者となった。それは、ぼくが別のところで書いた、宮崎駿や村上春樹が男たちのビルドゥングスロマンを留保させつつ、女たちのビルドゥングスロマンを生き生きと描いた問題と繋がる。ぼくが本書で文学的評価の低い小山いと子の小説を題材としたのは、女性の手による女性教養小説を目論み、にもかかわらず「外圧」で頓挫したからである。

だが、そもそも、このような、男たちの描く女性のビルドゥングスロマンは、それを男が与えるというジェンダー論的な優位性を男の側に保証するもので（それはほとんど田山花袋が『蒲団』で文学少女の個人を可能にする「言文一致」を与え、奪う様を描いたところまで遡れる）、そのことで男は男としての自分を担保し、自身が「個」になることを留保することを可能にするものでなかったか。宮崎駿の『崖の上のポニョ』における失敗はその典型だ。その点で古市の小説でさえ、ヒロインの自立をＡＩ「平成くん」が自己犠牲的にサポートするわけだから、村上春樹的、宮崎駿的な限界の中にある。田中康夫も全く、同じだということは論じた通りだ。

無論、それは、ぼくとて同様だ。

昭和の終わり、ぼくは『少女民俗学』（一九八九年、光文社）というエセーで、少女アイドルの物語の通過儀礼的構造について切々と語ったが、それは彼らと全く同じことを批評の形で書いたに過ぎない。その昭和の終わり頃の光景が、「男性たちが少女アイドルの成長を応援する」構図として産業化し、平成の終わりに異様なまでに肥大しているのは秋元康のビジネスの巧みさではなく、「男による女性ビルドゥングスロマンへのサポート」欲求がいかに根強いかの証左である。

だから、新しい天皇となる浩宮のかつての「人格否定発言」さえも、彼が妻の誠実な人権擁護者であったことを少しも否定しないにしても、さて、彼もまたそういう一人としてあったのか、違ったのか、と思いはする。

ぼくが本書でやや寄り道のようにこの「男による女性ビルドゥングスロマンへのサポート」問題を論じたのは、私たちが近代的個人となって、民主主義システムの担い手となるためには、私たちが「個人」にならずとも許してくれるあらゆる思考の枠組を悉く放棄しなくてはいけないからだ。そのために最終的には天皇制の断念こそが必要だ、ということは二〇〇三年の時点で書いていることだが、女性の成熟の物語を男が紡ぎ、消費するという倒錯は当然、その前に断ち切られなくてはならない思考だ。政治的ロマン主義も同様だ。

その上で、制度としての天皇制が断念されねばならない。

†国民の「総意」は確かめられない

もう一度、くどいようだがおさらいしておく。

戦前的な意味合いにおいても、戦後的な意味合いにおいても「天皇」が存在する限り私たちはパブリックな領域やそれに伴う責任を形成する「近代の義務」をサボタージュすることが可能になってしまう。柳田國男は『**明治大正史 世相編**』(一九三一年、朝日新聞社)の中で、昭和初頭の普通選挙施行に際し、個人として意思決定できなかった「選挙民」(有権者)を「選挙群」と呼び、「個」としての「公民」になれと主張した。それを「一番難しい宿題」だと記したことはよく知られるところだ。
「選挙民」とは歴史に対する責任主体である。それが、近代の決め事だ。
だから、ぼくは、戦争責任は昭和天皇にではなく、普通選挙であの戦争に進む議会を選んだ「選挙民」にこそあると考えている。しかし、そういう有権者責任論は戦後、主流とはなっていない。結果、まるで私たちが「天皇」以外にこの国のパブリックな責任主体を持ち得ていないことを皮肉るように、慰安婦問題での天皇謝罪論が韓国から起きることになる。恐らく日本の側は、隣国が日本に戦争責任を担う主体が不在であることを衝《つ》いてきていることに想像が及んでいない。彼らは日本の民主主義システムが責任を担えないだろうと言っているに等しいのだ。

かつての戦争で国民も政治家も軍も責任から自身を免罪し、破局を選択したが、その責任が「民主主義システムを運用し損なった有権者と選良」にあるという結論にこの国の戦後は至れていない。

だから象徴天皇制が問題となる。主権者として国民は位置付けられた。つまり公共性構築の責任主体となれ、ということだ。それは民主主義システムを正しく運用して行うことが前提で、憲法の条文の多くがその手続きのとり決めである。

しかし、一方で「国民の総意」に基づく「統合の象徴」としての天皇が置かれてしまった。「総意」を確かめる手続きは憲法に示されない。これは、大きな問題だ。難癖をつけているのではない。手続きを経ない合意形成は、議会制民主主義が目指す公共性形成の手続きと相容れないからだ。

無論、選挙以前に私たちは言論で合意形成をする。もし、私たちが選挙によって議会構成の形で示される公共性の形以外に、「天皇」という「もう一つの公共性」を必要とするなら、それが、どうあって、どう機能すべきかを議論する必要がある。そのための、論じる場であり題材を提供するためにメディアがある。それが不断になされているのか。

昭和のある時期までは盛んだった天皇制否定の議論は平成に入ると消え、逆に天皇制が「必要」であるならいかにあるべきかを考えることを怠った。平成の間、象徴天皇制について考えなかったのは私たちの綿々と続く近代のサボタージュの一部である。

その中で、平成天皇だけが例外的に、憲法への抵触を覚悟で「象徴天皇」のあり方について考え、それを表明したことは本書の冒頭で記した通りだ。

†『少女たちの「かわいい」天皇』を否定する

しかし、平成天皇が考え実践した象徴天皇制は、感情労働によって感情の統合を図る「感情天皇制」であり、国民には「お気持ち」（感情）しか届かず、天皇の「安楽死」の如き生前退位を例外的に認めてしまうというディスコミュニケーションを起こしたことは序で記した。

この感情天皇制は、しかし、繰り返すが、平成天皇の責任ではない。象徴天皇制は感情天皇制の実践に他ならないという結論は、彼に与えられた条件下では「何もしない」を除けば、ほとんど唯一、導きだせるものだった。

このような、パブリックなことについて考えず、感情の共同性(「空気」や「事大主義」などの形容も可能だ)で公共性の不在を購うという怠惰は、ぼくが昭和天皇の崩御の際に皇居の前に集まった女子学生たちを論じたエセーに描いたものだ。しかし、それはぼくに先見の明があったのでは全くない。ぼくの筆致に全く批判的なものが見られないことで、当時のぼく自身が感情天皇制的なものを待望していたことは明らかだ。愚かであった。

不敬、を覚悟で言おう。少女たちは聖老人の姿の中に傷つきやすくか弱い自分自身の姿を見ている。東京の中心にある聖なる森に住む聖老人は、少女雑貨に囲まれた部屋にこもる少女たちと共振する。手許に現物がないので正確な引用ができないが、「産経新聞」夕刊が記帳に訪れた若者たちのコメントを集めたことがあった。その中に「天皇陛下って世の中に汚れていない感じが好き」という少女の発言があった、と記憶している。

このような少女たちのまなざしを冒頭で引用した父親のように思想的な理由から否定することは不可能である。同時に右翼の人たちが彼女たちを日の丸や君が代を愛する少女たちに教育することもまたできない、と思う。彼女たちが見ているのは〈天皇〉ではなく、彼女たち自身の姿なのだから。

（中略）

「天皇ってさ、なんか、かわいいんだよね」。記帳の列に並ぶ制服姿の少女たちの声が耳に入る。〈かわいいもの〉としての天皇を〈かわいいもの〉としての少女たちが見つめている。それは日本の近代社会がこれまで生み出したいかなる天皇観からも全く理解できないであろう不思議なまなざしであることだけは確かなようだ。

（大塚英志「少女たちの「かわいい」天皇」『中央公論』一九八八年一二月号）

ほとんどこれはセカイ系としての「天皇」に同一化する人間をただ甘美に描いているだけだ。ぼくはこのエセーを否定する。

「かわいい天皇制」が感情天皇制の表出の一つであるなら、私たちはこのような光景の中に、もはや、とどまるべきではない。いいかげんに私たちは近代を担保し民主主義を運用し得る「個人」となるため、私たちの怠惰を許してくれている天皇制を断念すべきである。そして天皇家の人々に私たちが奪い続けた「個人となる権利」を返すべきである。

そのためのぼくの結論は至ってシンプルだ。

天皇制を断念しよう。

それだけだ。

2 私たちは天皇に対して何をしてきたか

†天皇制は必要か

しかし、今更、近代、民主主義と言われてもそれはとうに終わっている、という声が多くあるだろう。では、ようやくポストモダンが到来したとでも言うのか。ならば民主主義に替わるものは一体、どこにあるのか？ない。

その上で、冷静に考えよう。

そもそも本当に私たちは、今、天皇制を必要としているのか。

庵野や古市の描いた工学的世界が、来たるべき新世界であることに対して、疑問は当然ある。それはぼくの考える近代のやり直しとは異なる。それはしかし、それでも一点だけぼくが、彼らを誉め殺しのごとく評価するのは、既に繰り返し記したように「天皇なき世界」を無自覚にだろうが描いている点だ。彼らはそのつもりはなくともそういう世界を描いた。それは一つの回答なのである。

†天皇を超えようとする安倍晋三

翻って「現在」を考えてみる。

平成の終わり、私たちは天皇にどういう態度を取ってきたか。

私たちは彼の象徴天皇制継続のための制度化という主張をネグレクトし、ためらいもなく平成天皇の退位を許した。しかし、国民の総意で天皇を退位させた、という時点で「革命」ではないかと怒る右派はいなかったと記憶する。

そもそもからして、安倍晋三はひどく天皇をネグレクトする首相だ。たびたび引き合いに出して申し訳ないが、『噂の真相』のウェブでの後継メディア『リテラ』は、「お気持ち」発言から退位まで「天皇が「お気持ち」で生前退位に反対する安倍政権や日本会議へ反論！　象徴天皇を強調して戦前回帰けん制も」（二〇一六年八月八日公開）、「明仁天皇

〝最後の誕生日会見〟は明らかに安倍政権への牽制だった！　反戦を訴え、涙声で「沖縄に寄り添う」と宣言」（二〇一八年一二月二三日公開）と安倍にネグレクトされた平成天皇の平和主義を報じている。ぼくにもそう感じられる部分が少なくない。

他にも安倍は、元号を天皇の退位より先に自ら公表することを主張した。その結果、「一世一元」という近代天皇制の原則に齟齬が生じているという批判が可能だ。

　まさかそうなっていないと願うが、新元号に「安」の文字が入るという臆測や、「アンケート結果」が大量に公表されていたことも気になる。『毎日新聞』は二〇一九年一月二二日「ソニー生命保険が、平成生まれと昭和生まれ各500人にアンケート。トップは計1000人中47人が挙げた「平和」だった。一方でトップ10に「安久」「安泰」「安寧」と「安」を1文字目に使う案が三つ入った。縁起のいい字で、ネットでは安倍晋三首相の名前をもじった「安晋」も飛び交う。」と報じた。また『産経新聞』が「新元号は「安久」⁉　SNSなどで予想合戦白熱「M・T・S・H」以外、「安」の文字人気」と二〇一八年九月二五日に報じた他、テレビ番組「ザワつく！一茂良純ちさ子の会」でレギュラー三名が「安」の文字の入った年号を予想した（ニフティニュース、二〇一九年一月二六日）。NHKのNEWS WEBは新元号を筆でくわえて書くアシカの特訓なるものを報じたが、練習しているのは「安」の文字に続いて書きかけの「イ」（にんべん）であった（二〇一九年三月一日配信）。このように番宣やヒマネタに至るまで、世論誘導かと思うほどに「安」の入った年号の待望論は報じられ続けた。テレビメディアでは「モーニングショー」などテレビ朝日の「安」誘導が際立っていた。まるで安倍王朝の始まりを待望でもしているのかと思えてくる。

お供をつれ闊歩する安倍晋三の姿が金正恩そっくりだとＳＮＳでバズったこともあった。何か天皇を超えた最高権力者が彼の自己像なのかとも思える。

二〇一八年に起きた各地の災害で平成天皇のように被災者の前で膝を折る安倍の映像が盛んに流れ、あるいは、自分は森羅万象を「担当」するという放言をし、有権者は言葉を失いもした。

一つ一つは、ただこの人物の愚かさや、同様に愚かなメディアの彼への忖度の現われだが、しかし彼は私たちが選んだ議会が選んだ首相である。その一点で、彼の天皇への態度は私たちの民意である。

†忖度されない次代天皇浩宮の「水の文化論」

あるいは、安倍政権の次の天皇への態度として、このことに気づいている人はいるだろうか。

第8回世界水フォーラム「水と災害」ハイレベルパネルにおける皇太子殿下基調講演
第3回国連水と災害特別会合における皇太子殿下ビデオ基調講演
第2回国連水と災害に関する特別会合における皇太子殿下基調講演
第7回世界水フォーラムにおける皇太子殿下ビデオメッセージ
国連水と災害に関する特別会合における皇太子殿下基調講演
第6回世界水フォーラムにおける皇太子殿下ビデオメッセージ
第5回世界水フォーラムにおける皇太子殿下基調講演
2008年サラゴサ国際博覧会「水の論壇」シンポジウムにおける皇太子殿下特別講演
第1回アジア・太平洋水サミット開会式における皇太子殿下記念講演
第4回世界水フォーラム全体会合における皇太子殿下基調講演
第3回世界水フォーラム開会式における皇太子殿下記念講演

表2 平成15年から平成30年にかけて行われた皇太子浩宮の講演
（宮内庁ホームページより作成）

二〇一八年、彼は水道事業に外資の参入を許す法案を強行採決した。その時、次の天皇となる浩宮がイギリス留学で水運史を学んで以降、綿々と拘泥し続けた日本の水文化のあり方への学術的アプローチを知らないで行ったとは思えない。知らなければ、次の天皇への敬意がなさすぎるし、知っていれば、ひどく心ない。［表2］に示したように浩宮のこの十数年の海外での講演は「水」に関するもので、それが彼なりの天皇像なのだと察しがつく。彼は繰り返しこう語ってきた。

このように、この地域の人々は長きにわたり議論を積み重ね、巧妙な仕組みを構築し、透明性を担保することによって、干ばつや水災害と闘いながらも、水を分かち合い、争いを減じてきました。この潤いを感じさせる美しい三分一湧水は、水を分かち合うことのシンボルといえます。

ここでは日本の例を見てきましたが、歴史を通じ世界にも水を分かち合う工夫は多くあります。その仕組みは施設や慣習にとどまらず、社会システム、法制度、条約にまで及びます。その中で水に関する情報を共有し、協働して水や水源を守り、異なる水利用を折り合わせることは、人々が水を分かち合い、繁栄、平和、そして幸福を分かち合う第一歩と言えます。

(二〇一八年、宮内庁ホームページ「第8回世界水フォーラム「水と災害」ハイレベルパネルにおける皇太子殿下基調講演(仮訳)」)


彼はこういう「水」をめぐる日本史の一次史料を人文系の研究者としてのスキルで読み、それを踏まえて世界に向けて語ってきた。

そういう「日本」と「世界」との関わりを次の天皇として準備してきたのに、経済効率や利権のために水メジャーの参入を可能にする法改正はさて、彼を天皇として戴くとする時、正しい選択なのか。与野党含め、誰一人、平成天皇退位で競うように「お気持ち」を忖度した政治家たちが、彼の「水の文化論」に気づいていなかったのか。

元号の先行発表がPCのシステム上の問題だとされ、水道民営化も同様だが、天皇制の文化的構成要素が経済的合理性によって無碍《むげ》にされる光景は、ある意味で、庵野や古市の工学的世界に近いと言えなくもない。

†退位の政治利用の可能性

天皇制は平成に入り、歴史を理解する手間暇を避けたい人々の怠惰を許容するためにのみ「万世一系」というファンタジーが存在し、しかし、その担い手のネトウヨらが、平成天皇の発言に「プサヨ」「反日」と暴言を浴びせるツイートも探せばいくらでも見つかるという倒錯した状況だ。

「保守」周辺を見ていくと、「お気持ち」発言も含め、意のままにならない平成天皇に苛立っていると思える節もある。確かに右派は憲法改定で天皇の元首化を主張しているが、それは天皇制の表面的な戦前への回帰に見えるが、近代を通じて天皇の政治利用をしてきた政治家の権力の強化の意図に他ならないのは言うまでもない。

だから、今回の退位に最も問題があったとぼくが考えるのは、「国民の総意」でこれからも天皇を退位させられる前例ができたことだ。今や左派がリベラルな天皇を以て政権の暴挙を牽制しようとしているが、こういう二重権力は、パブリックなものの形成を損なうだけでなく、世論の形を借りて政権の気に入らない天皇を退位させることを可能にする。権力の暴走抑止は三権分立の仕組みと選挙によってのみなされるべきである。天皇という三権の外側に権力の抑止機能を求めてはいけない。

「お気持ち」を世論が忖度しての退位は、天皇の最悪の政権利用の余地をつくってしまった。

ぼくは、一度皇太子時代に退位論が出た浩宮の即位後、秋篠宮文仁から悠仁親王への譲位を早めるための退位論が保守派から再び出る気がしてならない。あるいは退位論を抑えようとすればその法制化の権限を握る政権与党にとっての「民意」に近い立場を天皇は取らざるを得なくなるかもしれない。

3　天皇家バチカン化計画

†折口信夫『宮廷生活の幻想』からの飛躍

このようなあらゆる天皇の政治利用の可能性は一切、潰さなくてはいけない。もし、リベラルの側が、「天皇を戴くリベラル」があり得ると言うなら、天皇の感情労働を廃し、人権を認め、政治利用をしないし、させない「天皇制」を作る必要がある。しかし、ぼくはリベラルな天皇制の構築ではなく、天皇制の断念が必要だと考える。その理由はもう繰り返さない。天皇制断念のための憲法改定も必要だと考える。

では、天皇家をどうするべきなのか。

折口信夫は、本文で触れたように戦後、いくつかの天皇論を書いている。その中で神道のキリスト教的な意味での宗教化や「天子即神論」、つまり天皇は現代神《あらひとがみ》か否かという議論の是否についてローマ法王をやや唐突に引き合いに出している。その折口は弟子たちにこうも述べていることはよく知られる。一九四六年のことである

今の天皇は、宗教家になってくだされればよかった。ローマ法王のような、神道の教主になるとよかった。芸術の方でそういう位置につくということはなかなかむずかしいことだが、宗教の教主になるのならば、日本の天皇の歴史的伝統から言ってもなれるはずなのだから。(池田弥三郎「私製・折口信夫年譜」『まれびとの座』一九七七年、中央公論社)

この頃の折口は、天皇を「生きた神」と崇めることが何より神話及び神道の政治利用と

なると考えていた。折口が天皇をローマ法王と対比する論考「**宮廷生活の幻想**」（一九四七年）が、ナチス・ドイツが民族神話を政治利用したことへの批判を踏まえてのものであることからもそれは明らかだ。

そこで示される折口の議論はあくまで神道の普遍宗教化の構想だが、その是非は脇に置く。しかし、天皇を宗教家とするなら皇室は政教分離の原則に従い「国家」から切断されなくてはいけない。折口がそこまで考えていたとは思わないが、なるほど、ローマ法王と天皇の対比は天皇制の制度設計のモデルにはなり得る、と折口の議論から飛躍してみる。

ぼくは、折口のように神道を普遍的な宗教として体系立て（そのために「神学」が必要だと折口は考えている）、天皇をローマ法王のような宗教家とすることに同意はしないが、天皇家のバチカン化、つまり「日本」から切り離すという選択は、天皇制の制度設計として「ある」と思う。

†ひどく具体的な提言

私たちが天皇制を断念し、しかし、天皇家の人々を映画『**ラストエンペラー**』のラストシーンの溥儀《ふぎ》のように市井に放り出すのもどうかと思われる。それは人道的でないし、もっと馬鹿げた政治利用に彼らを巻き込むことにもなる。ただ「廃止」するだけのリスクは大きい。しかし何らかの形で「残す」としても、二重権力や、天皇を忖度するふりをする政治利用もできないようにしなくてはいけない。何より、彼らに人権と自己決定権を持たせる必要がある。

そのために、皇居を含む皇室財産や歴史遺産・文化遺産をバチカン市国のように「国」として日本から切り離し、その新たな「国」の管理下に置くことをぼくは提案する。「国民」は今の皇族の人々のみで、結婚によってのみ新たに加わることができる。職員はこの「国」に帰属してもいいし、「日本国」から出向してもいいだろう。徴税は国民が少なすぎて難しいから、存続が可能な基金を独立時に付与する。それを運用して予算化してもらう。

彼らが一族の宗教儀礼として何を行っていくのか、どういう伝統を選択するか、それこそ近世における仏教徒としてのあり方を復興しようが「信教の自由」である。「国」であれば、外交権もあるから皇室外交で雅子妃のような女性が国際社会で生きることも可能になる。

無論、その「国」からの離脱も自由である。

議論の余地はあろうが、タックスヘイブンにして、一定の税収を維持する方法もある。天皇家を敬愛する人々は、見返りなしで私財をこれらの文化施設に寄付すればいい。「見返り」が有形無形で決して生じないような法体系や仕組みも必要だろう。

その上で、この「国」が、文化財の保全以外に大学や研究機関を運営していくのもいい。近代の天皇たちが関心を示してきたエコロジカルな領域や医療や福祉領域の人材育成などを中心に、人文系や基礎科学の分野の研究機関に、これも「基金」として予算を「日本」が捻出し運営を信託することで、「学問の自由」を担保する。自衛隊の一部を純粋の災害派遣部隊に改組して日本から切り離し、「天皇の国」の管理下においてもいい。

一種の「学園国家」のようなイメージである。何なら、「領土」として彼ら一族がかつて生きていた場所である京都市まるごとぐらいと（その場合の京都市民の国籍は議論するとして）、人間文化研究機構という人文系の研究機関の連合体があるのだが、セットでこれも付けてしまってもいい。

無論、その「長」としての天皇を誰がどう継ぐかは彼らの「国」の選択となる。別に国境をつくる必要はない。EU諸国と同じであって問題はない。

元々が「天皇」は憲法上も民主主義システムの外部にある。戦前の思考に立っても国家を超越したものだった。ならば「国」の外に置くのは至って合理的な選択である。

†「感情天皇制」を終わらせる

これらは、机上の空理空論のように聞こえるだろうが、しかし、いいかげん天皇家の人々の人権を損ない、そして、それを担保に私たちが公共性を自らつくり得る個人となることへの怠惰を私たちは止めるべきである。天皇の感情労働に慰撫され続ける「甘え」を断念すべきである。そうしないと永遠に私たちは近代を迎えられない。

「感情天皇制」を終わらせる責任が私たち有権者にある。

そして天皇のいない世界で私たちは次の社会の設計を始めなくてはならない。

言いたいのは、そのことに尽きる。

ちくま新書
1398

感情天皇論《かんじょうてんのうろん》

二〇一九年四月一〇日　第一刷発行

著者　大塚英志（おおつか・えいじ）

発行者　喜入冬子

発行所　株式会社　筑摩書房
東京都台東区蔵前二-五-三　郵便番号一一一-八七五五
電話番号〇三-五六八七-二六〇一（代表）

装幀者　間村俊一

印刷・製本　三松堂印刷　株式会社

ISBN978-4-480-07219-1 C0223

ちくま新書

1224
皇族と天皇
浅見雅男
日本の歴史の中でも特異な存在だった明治以降の皇族。彼らはいかなる事件を引き起こし、天皇を悩ませてきたか。近現代の皇族と天皇の歩みを解明する通史決定版。

1161
皇室一五〇〇年史
浅見雅男
岩井克己
歴代天皇を悩ませていたのは何だったのか。皇位継承、宮家消滅、結婚トラブル、財政問題——様々な確執やスキャンダルを交え、近現代の皇室の真の姿を描き出す。

1271
天皇の戦争宝庫
——知られざる皇居の靖国「御府」
井上亮
御府と呼ばれた五つの施設は「皇居の靖国」といえる。しかし、戦後その存在は封印されてしまった。皇居に残された最後の禁忌を描き出す歴史ルポルタージュ。

1385
平成史講義
吉見俊哉編
平成とは、戦後日本的なものが崩れ落ち、革新の試みが挫折した30年間だった。政治、経済、雇用、メディア。第一線の研究者がその頽路と活路を描く決定版通史。

1299
平成デモクラシー史
清水真人
90年代の統治改革が政治の風景をがらりと変えた。「小泉劇場」から民主党政権を経て「安倍一強」へ。激動の30年を俯瞰し、「平成デモクラシー」の航跡を描く。

1159
がちナショナリズム
——「愛国者」たちの不安の正体
香山リカ
2002年、著者は『ぷちナショナリズム症候群』で「愛国ごっこ」に警鐘を鳴らした。あれから13年、安倍内閣、ネトウヨ、安保法改正——日本に何が起きている?

1352
情報生産者になる
上野千鶴子
問いの立て方、データ収集、分析、アウトプットまで、新たな知を生産し発信するための方法を全部詰め込んだ一冊。学生はもちろん、すべての学びたい人たちへ。